鄧稼先

嗨！有趣的故事

Hi! Story

王麗麗

中華教育

【出版說明】

在文字出現以前，知識的傳遞方式主要就是語言，靠口耳相傳的方式記錄歷史與情感表達。人類的生活經歷、生命情感也依靠著「說故事」來「記錄」。是即人們口中常說的「傳說時代」。然而文字的出現讓「故事」不僅能夠分享，還能記錄，還能更好、更廣泛地保留、積累和傳承。

《史記》「紀傳體」這個體裁的出現，讓「信史」有了依託，讓「故事」有了新的準則：文詞精鍊，詞彙豐富，語言精切淺白；豐富的思想內容，不虛美、不隱惡。選擇人物一生中最有典型意義的事件，來突出人物的性格特徵，以對事件的細節描寫烘托人物的情感表現，用符合人物身分的語言，表現人物的神情態度、愛好取捨。生動、雋永而又情味盎然。

「故事」中的人物和事件，從來就是人類的「熱門話題」。她是茶餘飯後的趣味談資，是小說家的鮮活素材，是政治學、人類學、社會學等取之無盡、用之不竭的研究依據和事實佐證。

中國歷史上下五千年，人物眾多，事件繁複，神話傳說與歷史事實並存，正史與野史交錯互映，頭緒繁多，內容龐雜，可謂浩如煙海、精彩紛呈，展現了中華文化的源遠流長與博大精深。讓「故事」的題材取之不盡，用之不竭。而其深厚的文化底蘊如何呈現，怎樣傳承，使之重光，無疑成為《嗨！有趣的故事》出版的緣起與意趣。

《嗨！有趣的故事》秉持典籍史料所承載的歷史精神，力圖反映歷史的精彩與真實。深入淺出的文字使「故事」更為生動，更為循循善誘、發人深思。

《嗨！有趣的故事》以蘊含了或高亢激昂或哀婉悲痛的歷史現場，以對古往今來無數先賢英烈的思想、事蹟和他們事業成就的鮮活呈現，於協助讀者不斷豐富歷史視域和深度思考的同時，不斷獲得人生啟迪和現實思考、並從中汲取力量，豐富精神世界，在實現自我人生價值和彰顯時代精神的大道上，毅勇精進，不斷提升。

#【導讀】

一九五〇年八月二十九日，在普渡大學拿到物理學博士學位的第九天，鄧稼先就從洛杉磯登上「威爾遜總統號」輪船回國了。鄧稼先被安排到中國科學院近代物理研究所工作，這個研究所就是原子能研究所的前身。他在彭桓武教授領導下從事原子核理論研究。

到了一九五八年八月，原子核物理學家錢三強教授讓三十四歲的鄧稼先準備原子彈的研發工作。並先後調來的二十八名大學生，這些年輕人都來自著名大學，成績優秀，但是他們中很多人並不是學物理的，更不要說核物理了。他們有學數學的，有學冶金的，有學建築的，還有學外語的。

曾留學美國的鄧稼先，知道這項工作的難度有多大。美國的原子彈理論設計工作始於一九四二年，集聚了陣容強大的研製者，這在世界科學史上都是空前的。其中有十四位以上的參與者獲得過諾貝爾獎，還有一批世界第一流的科學家。當時的美國也有發達的工業，已經能夠製造汽車、飛機和軍艦。而對比二十世紀五〇年代末的中國，才剛剛能夠生產大卡車，科技人才之間的差距更是天上地下。更糟糕的是在一九五九年六月，中蘇關係破裂。蘇聯政府又撤走全部在華專家，中國只能自己動手，從頭摸起。

八年後。一九六四年十月十六日下午。在新疆羅布泊，一座鐵塔靜靜矗立著。「9、8、7、6、5、4、3、2、1，起爆！」蘑菇狀煙雲升起，發出巨大的轟鳴聲，中國第一顆原子彈爆炸成功。

鄧稼先和他的「娃娃博士」團隊是怎麼辦到的？

鄧稼先是中國第一顆原子彈和第一顆氫彈理論方案的主要設計者。鄧稼先從事核武器研究這些年，許多重大理論問題和研究工作都是親身參與、把關、最後拍板定案的，甚至很多方案是他親筆寫的，但他卻沒有署上自己的名字。在中國進行的四十五次核試驗中，鄧稼先三十二次親歷現場，十五次擔任現場總指揮。

鄧稼先隱姓埋名二十八年，為國奉獻、犧牲自我。他還在臨終前用盡生命最後的氣力寫了一份建議書，讓中華人民共和國政府在一九九六年七月二十九日發表聲明，鄭重宣佈：中國暫停核試驗！建議書的具體內容至今還是祕密。對這份建議書的價值，參與研發的科學家于敏與胡思得在回憶文章中深情地寫道：「每當我們在既定目標下，越過核大國佈下的障礙，奪得一個又一個的勝利時，無不從心底欽佩稼先的卓越遠見。」

目錄

目錄

胡同裏的淘氣娃

北平，美在雪季，也美在早春四月。

四月的北平，空氣溫潤，春風拂面，紫丁香濃郁的香氣在城中心豐盛胡同的上空瀰漫著。

隔著質樸的灰色柵欄院牆，望見這一家四合院的庭院裏，滿樹的紫丁香正盛開，它們一簇簇相互偎依，燦若紫霞，芳香四溢。

從這寧靜又芬芳的庭院裏，傳來了孩童琅琅讀書聲，「子曰：『學而時習之，不亦說乎？有朋自遠方來，不亦樂乎？人不知而不慍，不亦君子乎？』」稚嫩的嗓音、抑揚頓挫的節奏，讓人感到生活在院牆裏面的這一家人，一定過著十分溫馨幸福的日子。

祖籍安徽的鄧稼先，孩童時代幾乎全是在這一座四合院裏度過的。

鄧稼先出生在安徽懷寧縣鐵硯山房，八個月大時，他被父母抱到了這裏。父親鄧以蟄是清華大學、北京大學教授，被譽為中國現代美學的奠基人，與著名美學家宗白華被譽為「南宗北鄧」。鄧以蟄為兒子取名「稼先」，意味深長。《說文解字》中說：「稼，禾之秀實為稼，莖節為禾。」「稼先」一名，寄託著父親對兒子早早地秀實和成熟，成為造福民眾之滄海一粟的期待。

鄧稼先五歲時，父親把他送到武定侯小學讀一年級，這間小學離家很近。每到春夏，鄧稼先放了學，總喜歡坐到院子裏的躺椅上，享受龍爪槐的蔭涼和丁香花的芬芳。「草長鶯飛二月天，拂堤楊柳醉春煙。兒童散學歸來早，忙趁東風放紙鳶。」鄧稼先在躺椅上瞇起了眼睛，這一首詩飛入他的腦海。他一邊吟誦，一邊享受著放學歸來的輕鬆。直到父親喊他：「稼兒，去陸老先生家讀書了！」這個小小的孩子才從躺椅上起身，跑向陸老先生府上。

書讀得怎麼樣？父親常常叫稼先過來考考試。一天，鄧稼先穿著齊地長袍正在父親的書房裏面背誦《論語》，父親好友張奚若教授登門了。這位政治學教授緊跟二十世紀三〇年代初期的社會潮流，對幼兒背誦古書不以為然，順口說道：「現在什麼時候了，你還讓孩子背這些東西？」而父親回答說：「我不過是讓小孩子知道一下我們的中國文化裏都有什麼東西，這有好處！」

父親鄧以蟄曾就讀於日本早稻田大學和美國哥倫比亞大學研究院，是位國學深厚、學貫中西的學者，他的教育理念自然也是兼容並蓄的。他安排小小的鄧稼先，既學四書五經，又讀外國文學名著，還親自教他英文。

鄧稼先是胡同裏課業最重的孩子，父親對他的學業管得很緊。但他不是書獃子。他和那些普通人家的小夥伴玩得昏天黑地，不亦樂乎，那個年代男孩子們沉迷的拿手好戲，他樣樣精通。

男孩子們趴在地上，圍在一起，只聽「圍城」裏面不斷傳來簡短而急促的指揮聲，「沒對準」、「沒對準」、「好了好了，就這個角度」……這個遊戲叫做「彈玻璃球」（簡稱彈球），在北平十分流行，甚至一些二、三十歲的青年人也會湊過來一比高下。而什麼算贏了呢？幾個小夥伴先在地上挖一個小坑，然後輪流彈玻璃球，誰的玻璃球最先進坑，就算贏了。鄧稼先的球技很不錯，幾乎就是常勝將軍。

鄧稼先不只是在彈球方面是常勝將軍，放風箏、抖空竹，也都比同學們技高一籌。「一聲低來一聲高，嘹亮聲音透碧霄。空有許多雄氣力，無人提攜漫徒勞。」鄧稼先一邊動作瀟灑地抖著空竹，一邊吟誦這首七言詩，十分享受。

鄧稼先和小夥伴們玩得不亦樂乎，經常忘記了時間，等天完全黑了才想到該回家了。

表面上的髒還好說，手指縫裏怎麼也刷不乾淨，「你這雙小手明早可怎麼吃飯啊？」在燈下，媽媽一邊用小毛刷幫鄧稼先清洗黑乎乎的髒手，一邊教訓兒子：「以後再不能弄這麼髒了！」

鄧稼先把頭埋進媽媽的懷裏，和媽媽撒嬌，還和媽媽介紹他今晚發現的新玩法。媽媽也就不再責怪他了，只是很心疼他的手，拿來了蛤蜊油，為他塗上厚厚一層。

而父親雖然在學業上對鄧稼先嚴格要求，但他秉持開明教育的理念，不守舊，也從不用死規矩束縛孩子們的天性。他去國外訪學時，有一段時間無法親自教養幾個子女，就給夫人寫信，信中詳述了自己的教育理念：「我們是小孩子的親愛的父母，並不是他們的閻王。」

在這樣的家庭裏，鄧稼先的天性得到了最大程度的釋放，他的童年快樂而自由。

面壁到天黑

一場秋雨洗刷後的北平，空氣清新冰涼。在院子裏忙家務的媽媽感受到這一場涼意來得迅疾而強烈，便惦記起兒子鄧稼先來。鄧稼先早上出門時穿得太單薄了。媽媽馬上從衣櫃裏拿出一件外套，出門向武定侯小學走去。

選個離家近的學校，就是為了方便照顧孩子。鄧稼先的媽媽一邊走，一邊暗暗讚歎自己當初的這個英明決定。

「快躲開，快躲開！有情況！」鄧稼先媽媽走進武定侯小學的校園，看到一個小男孩掃了自己一眼，就輕聲對其他同學打「暗號」，心裏覺得怪怪的。

傍晚時分，全家吃過晚飯，鄧稼先照例和媽媽一起，邊收拾餐具邊聊天。媽媽隨口一問：「我給你送衣服，有幾個小男孩一看到我就打暗號，說『有情況』，什麼情況啊？」

鄧稼先頓時笑得前仰後合，「姆媽，您好幾次來學校給我送衣服，同學們都知道您是我姆媽了。他們在您來之前剛剛取笑過我，說我笨。沒想到，您來了。所以他們開玩笑假裝躲避，意思是鄧稼先的姆媽來找他們算賬啦！」

正在一旁洗碗的大姊鄧仲先聽到了「笨」字，停下了手裏的活兒，問道：「你哪裏笨了？為什麼取笑你啊？」

「那次老師罰站，他們都跑了，就剩下我一個人面壁到天黑。從那之後，他們就說我笨了。」鄧稼先輕描淡寫地說。在他看來，這不過是淘氣的玩笑，一點兒不用生氣。

「哦，我想起來了，那天你被罰面壁，還是我去接你，賠了玻璃窗的錢呢。」大姊轉身對媽媽說道，「我那天到了教室，看到所有人都走光了，就剩稼先一個人規規矩矩面對磚牆站著，還不就是笨得實在嘛！」

「雖然你闖禍在先，但姆媽那天沒有批評你，還說你很誠實。誠實是最寶貴的。」

大姊對鄧稼先說。

說來這算是稼先在學校裏闖下的一個大禍了。那天，他和小夥伴們瘋玩，把教室的窗戶打碎了。老師一怒之下，罰他們面壁思過。那些機靈的小孩子看到大家都放學了，老師也回辦公室了，就紛紛跑了。最後天都黑了，鄧稼先還留在原地。母親等稼先回家，可左等不來，右等不來，心裏愈發著急，才讓大姊鄧仲先去學校找弟弟。

大姊急急忙忙地跑到學校，一見到規規矩矩面壁的小弟，便問了事情原委。

「就罰你一個人？」大姊問。

「不是。」鄧稼先說。

「他們都走了？你為何不走？」大姊問。

「等你來賠玻璃錢。」鄧稼先說。

大姊把前因後果和弟弟內心所想瞭解得清楚後，疑惑解開，怒氣消散，心裏反而還挺高興。她心想，「三歲看大，七歲看老」，弟弟雖小但心地好，憨厚、誠實、守規矩，長大後能成大器。於是，大姊並沒有多責怪他，賠了玻璃錢，就領著稼先回家了。

撕碎日軍紙旗

小學的最後一個暑假結束了，鄧稼先進入志成中學讀書，初二時轉入坐落在西單絨線胡同的崇德中學。

這時的鄧稼先已從頑童長成了翩翩少年。一天，鄧稼先放學後，「聽到」校園裏一個角落裏人聲鼎沸，就知道同學們在大戰玻璃球。走近一瞧，觀戰的同學裏三層外三層的，這架勢，裏面一定有高手，才會吸引了這麼多同學。鄧稼先也湊了過去。

靠裏層有個同學看到鄧稼先來了，招呼道：「稼先，我們遇到高年級的對手了，就靠你了！快來！」

聽罷，鄧稼先擠了進去。

待他們酣暢淋漓地大戰一場後，天已然全黑了。鄧稼先直起身子、抬起頭，準備回家，看到了正好路過的師兄楊振寧。

楊振寧的父親楊武之是清華大學教授，鄧稼先的父親鄧以蟄也是清華大學教授，這兩個孩子因為父親的關係早就認識了。楊振寧比鄧稼先大兩歲，在學校裏高他兩級。他們在回家的路上邊走邊聊。

「你喜歡彈球啊？」楊振寧問鄧稼先。

「嗯。」鄧稼先問，「你有什麼好玩兒的？」

「壁球啊！」楊振寧停下腳步，面對著路邊的院牆滔滔不絕地介紹他的經驗：「就這樣，在牆邊以手代拍，就能模仿壁球遊戲。」

看到楊振寧誇張的動作，鄧稼先笑得前仰後合。楊振寧問道：「你有什麼好玩兒的？」

鄧稼先想了想說：「我能爬樹啊。你行嗎？」

「好主意！比一比！」兩個人一拍即合，當即比賽起來。他們幾乎同時爬到了兩棵樹的中間位置，坐在樹杈上的他們哈哈大笑：「原來你也會爬樹啊！」

這時的楊振寧在數學和物理方面已十分突出，他也喜歡和鄧稼先聊這些話題。

「姆媽，楊振寧總是對數學有奇思妙想，他和我一說，我也有了些感覺。」鄧稼先的媽媽發現，兒子對數學著了迷，每天晚上做題到深夜。她總是默默地端來一碗粥、一碗湯，或者一個饅頭給兒子補充營養。

安逸的時光，被動盪的時局打亂。媽媽發現，無憂無慮的稼兒有了心事。

那天是個週末，媽媽在廚房裏準備午飯，聽到鄧稼先背誦英文的聲音和往常很不一樣，往常的稼兒是溫和而平靜的，而今日的稼兒語調激昂，如同即將暴發的洪水一般。

「不要做言語的巨人，行動的矮子。」透過窗戶，媽媽看到鄧稼先一邊背誦屠格涅夫的《羅亭》原文，一邊揮舞著拳頭。鄧稼先對弟弟鄧檇先說：「說到我心裏去了！」

此時的北平，國難當頭。一九三七年七月七日盧溝橋事變後，日本軍部放出話來，中國老百姓從日本哨兵面前走過，都要向其鞠躬行禮。鄧稼先對弟弟鄧檇先說：「不走那些日本人的崗哨，咱們願意繞路他管不著！」

不久，日軍攻佔了中國又一個城市，又在開慶功會了。日本人拿著一袋袋的紙旗，逼迫學校發給學生，讓學生遊行慶祝他們的勝利。

沒人願意。但在日本兵的刀槍之下，學生們也只好耷拉著腦袋，拿起了紙旗，按照日本兵的要求，舉了起來。

我們的城市淪陷了，還要我們去慶祝，這和我們挨打了，還要和施暴者說一聲你真英明有什麼區別！鄧稼先難以抑制內心的仇恨，三把兩把就把手裏的紙旗撕碎，摔在地上，狠狠地踩了幾腳。他身邊的同學看到有人帶頭，紛紛響應，把手裏的紙旗撕碎，狠狠地摔在地上。

大家都感到很解氣！趁著亂，一哄而散。

漢奸沒抓到人，就把這事兒報告了日本軍部。

很快，就有人來到了鄧稼先所在學校的校長辦公室，逼著校長嚴辦造反者。校長試圖以一己之力把事情搪塞過去，但他看著對方半信半疑的眼神，心知他的搪塞也許只能拖延些時間而已，事情遲早會暴露的。

他於是心生一計。

到「大後方」去

當晚，趁著天黑，校長悄悄來到鄧家。他躲在門口的大樹背後，反覆確認沒有人跟蹤他，這才敲開了鄧家的大門。原來，校長與鄧稼先的父親早有交情。校長望著鄧稼先已熄燈的房間，問鄧稼先的父親：「北大南遷了，您有什麼打算？」

「我有肺病，無法承受旅途顛簸，只好屈居北平。」鄧以蟄教授歎了口氣，指了指黑暗中的院子，「我不願為日偽政權做事，如今沒了薪金，就在院子裏種些菜接濟生活。」

校長的心情愈發低落。「這樣的時局，誰也沒得辦法。稼先也是愛國心切，血氣方剛。我知道那事兒與稼先有關，我怕早晚被人告發。如果那樣就太危險了，還是想法子讓他走吧！」校長長話短說，他要儘快離開鄧家，免得被人盯上。

當夜，鄧稼先的父親就與妻子和大女兒鄧仲先一起商量對策。次日清晨，父親等在稼先房門口，待他醒來，便對他告訴了家裏的決定：「沒有別的辦法了，只好讓仲先帶著你到重慶江津，你四叔那裏管得嚴，你到那兒去。明天一早就出發。」

傍晚時分，全家人圍坐在一起享用臨行前的最後一頓晚餐。

媽媽含著淚水佈置了一桌好菜，全是大姊仲先和稼先愛吃的。但家裏的氣氛卻不比往常，就連平日裏無憂無慮的小弟也沒吃幾口。

父親連筷子都沒有動一下。他坐在老式籐椅上凝望著兒子。兒子就要遠行，父親的目光裏隱含著層層期望和囑託。他儘量壓抑著情緒，用平和的語調對兒子說：「稼兒，以後你一定要學科學，不要像我這樣，不要學文。學科學對國家有用。」

鄧稼先鄭重地點點頭。

他剛站到院子裏，遠處又傳來了槍聲。

未來這一路上兵荒馬亂、戰火硝煙，兩個年幼的孩子前途未卜，這讓母親的心彷彿糾成了一團。

聽到這一聲槍響，母親和兩個姊姊的哭聲變得更急更緊。聽到哭聲，鄧樵先也抽泣起來，小小的他不捨得哥哥走。哥哥陪伴他長大，帶著他遊北海、逛景山，教會他抖空竹、抽陀螺，是他最好的朋友。他心急地問道：「哥哥什麼時候回來啊？」

聽到這一句，父親閉起的眼睛縫隙裏滑落出一滴眼淚。而母親與姊姊們的抽泣聲更加令人心碎。

稼先何時才能回來？國難何時才能過去？沒有誰能說出小弟希望的答案。小弟哭得更厲害了。

鄧稼先沒有哭。

鄧稼先與大姊離家時，是一九四〇年春末。他們穿過層層封鎖線，轉香港經越南才到達昆明。在昆明稍作停留，即乘船前往重慶江津。到達後，鄧稼先進入四川江津國立第九中學讀高三年級。安頓好他後，大姊返回昆明。

一年後，高中畢業的鄧稼先，在江津拍了一張黑白證件照，帶上照片和行李，輾轉到重慶市區考大學。

一路上，危險不斷。鄧稼先走在臨江的山路上，正遇日軍飛機轟炸。只見一顆炸彈落到對岸的村落。頃刻間房屋倒塌，大火升騰，濃煙滾滾。「不知那房間裏有多少無辜的人深陷危險，甚至已經遇難了。」鄧稼先難過地掉下眼淚了。

還沒來得及找到安全的地方遮蔽身體，敵機就又從鄧稼先的頭頂呼嘯而過，近乎瘋狂地在空中吼叫。鄧稼先只得將自己的身體緊緊地貼著山石，等待著這場慘禍的結束。

鄧稼先在信中告訴大姊：「一顆炸彈在距離我們很近的江面上炸開。如果再偏過來一點兒，我們就完了。我們所在的大後方是如此不安全。一個弱國，備受欺凌，他的國民是沒有平安可言的。」

同學的救命之恩

「千秋恥，終當雪；中興業，須人傑。」

一九四一年秋，鄧稼先來到位於雲南昆明的國立西南聯合大學物理系報到，學校就組織新生們學唱這首飽含救國之志的校歌。

鄧稼先和同學們站在西南聯大的操場上，面容肅穆，靜靜聆聽著學校的校史。老師講道，這所在戰火硝煙中依舊堅守辦學初心的學校，就是要「內樹學術自由之規模，外來民主堡壘之稱號」，保存和發展抗戰時期的重要科學研究力量。老師鼓勵學生們在條件異常艱苦的現在，更要為國讀書、學成報國。

開學儀式在濛濛小雨中完成了。眼見風緊雨密，老師就帶著新生們從操場向教室方向走去。

遠遠地，鄧稼先就發現，教室的房頂竟然是鐵板做的。

學生們走進教室時，講台上已站著一位教員。學生們見狀立刻停止交流，教室裏瞬間靜了下來。

「咱們西南聯大不僅名師薈萃，而且對學生要求極為嚴格，現在我就說說阿拉伯數字的書寫斜度問題，以後你們寫的每一個數字都必須按照這樣的規矩寫……」這位教員的話，伴著雨敲鐵板有節奏的聲音，傳入了學生們的耳中。每個學生都虔誠地拿出筆，在本子第一頁記錄下了老師的要求。科學是嚴謹的職業，從大學第一課起就踐行最嚴謹的學風與作風，會讓他們受益一生。

這位教員的物理課旁徵博引、妙趣橫生，屋頂鐵板縫隙間流下的雨水早已打溼外套，學生們卻都渾然不覺。「咚咚咚咚……」彷彿戰鼓一般的巨響襲來，聽得出神的學生們猛然驚醒。

「這是什麼聲音？」鄧稼先嚇了一跳。

只見教員不緊不慢地指了指屋頂。學生們一下明白了，緊鎖的眉頭散開，驚恐的神情變作會心一笑。原來是雨突然變大，敲打鐵板屋頂的聲音也隨之升級成了巨響。

當人的內心躊躇滿志，好像就會自然過濾掉干擾奮鬥的雜音。只要聲音還能超過雨聲，教員就講，學生們就聽。直到雨聲大到完全掩蓋了老師講課的聲音，老師才停止講課，安排學生們自習。

雖然噪音很大，但只要教室不關門，學生們都不願意離開。因為只有教室和圖書館才有電燈。

宿舍的條件比教室還要艱苦。房頂連鐵板都不是，就是個茅草頂。地是泥土地，還長著小草。牆是土坯製的，時不時地掉渣。每一間這樣的房子裏，都放著二十張雙層木板床，可以住四十個學生。冬天，學生們用被子裹著腿在床上讀書，夏天則在地上放盆水，把腳放進水裏，能稍感涼快些。

鄧稼先比高中時更成熟，也更用功了。他從圖書館借到一本難得的書，為了不耽誤其他同學閱讀，就將全書重要的內容一字不漏地謄抄下來。為了把英文學深悟透，他和同學們一起背牛津英文詞典，下的都是硬工夫，都是苦工夫。說到讀古詩，他的最佳拍檔還是師兄楊振寧。這兩個小時候的玩伴，又在西南聯大聚在一起了。

空山新雨後，天氣晚來秋。
明月松間照，清泉石上流。
竹喧歸浣女，蓮動下漁舟。

隨意春芳歇，王孫自可留。

倚靠著西南聯大的土牆，楊振寧與鄧稼先一個人背，一個人拿著書對照看，雙雙進入了詩詞美的境界，全然忘記了周遭的危險。

突然間，警報拉響。同學們趕緊跑向防空洞，楊振寧也跑了進去。「稼先哪兒去了？」一位同學趕忙出來找鄧稼先，強行將沉浸在詩詞世界的他拽進了防空洞。

震天響的警報聲，鄧稼先難道聽不到嗎？原來，校區這裏常遭日本轟炸機空襲，防空警報更是時常拉響，因警報不準而讓學生們「白跑一趟」的事兒也是時有發生，一些學生的防範意識就有些懈怠了。看書、背詩常常入迷的鄧稼先，就是其中之一。

可恰好這次，預報十分精確。多虧了同學強行將他拽到了防空洞，僅僅過了半個小時，鄧稼先剛剛看書的地方，就被敵機的炸彈炸得塵土橫飛。

警報一解除，鄧稼先幽默地和同學們開玩笑說：「常言道，救人一命，勝造七級浮屠。幾位同學堪稱在我身邊建造『浮屠』的專家了！」

不料，這件事被鄧稼先的大姊知道了。

「險些沒命了，你知道嗎？警報響了，你卻不躲，姆媽要是知道了，她會多麼傷心。你是她含辛茹苦養大的兒子啊，而你卻不珍惜自己的生命。」大姊教訓道。

「大姊，我知錯了。」鄧稼先看到大姊眼中的淚水，心知長姊如母，他讓大姊擔心了。

「好了，吃飯吧！」大姊夫鄭華熾從廚房端上了一盤青菜和一盤肉菜，打著圓場：「稼先也是讀書入迷，給稼先改善改善伙食吧，他們在學校天天吃食堂裏的飯，實在是受苦了。」

鄧稼先的大姊夫鄭華熾當時就在物理系任教，並於一九四四年初接任物理系主任，他曾與吳大猷教授合作測試拉曼效應的工作，受到哥本哈根學派創始人波耳教授的讚賞。

破敗貧窮的生活、警報頻響的外界，絲毫不影響教授們教書育人的心氣。當時的西南聯大臥虎藏龍，教授中有許多知名學者，包括參加測試普朗克常數的葉企孫，為證實康普頓效應做出貢獻的吳有訓，證實正電子存在的趙忠堯，渦旋力學的權威周培源。有空襲時，他們躲進防空洞；短暫平靜時，他們立即沉浸在科學世界中物我兩忘。正是這樣的科學精神，深深地影響和教育著青年學生鄧稼先。

回到北平

西南聯大的食堂，一到大風天，就能讓學生們吃上「八寶飯」。不過，那裏的「八寶飯」可不是細軟甜糯的，它又硌牙又不衛生。戰時物價飛漲，食堂能買得起的只有平價米了。在這些平價米裏面，摻雜著很多沙子。再加上食堂的屋頂常年漏風漏雨，一扇窗戶也沒有，一到颳風天，這些沙子飯上又澆上一層土面兒。同學們於是就將沙子戲稱為雜糧，將土面兒當作胡椒粉，苦中作樂地一邊稱讚這是西南聯大牌「八寶飯」，一邊將大個兒的沙子挑出來，玩起了投擲遊戲。

「這飯裏沙子忒多，吃著硌得慌。」在食堂嘈雜的環境裏，鄧稼先一下聽出了這人說的可是正宗北平話。身在異鄉聽到熟悉的鄉音，鄧稼先十分激動，趕忙放下碗筷朝著聲音的方向找去，找到了這位北平小老鄉吳鳴鏘。

「我的父親、母親、姊姊與小弟還在北平生活，北平現在怎麼樣了？」鄧稼先顧不上吃飯，拉著小老鄉問個沒完。小老鄉吳鳴鏘理解他的心情，耐心地一一回答。

「物價飛漲，白糖比肉還貴，連大米都沒有地方買，每一家的日子都過不下去。」吳鳴鏘告訴他，北平的生活比想像中還要艱難，這讓鄧稼先陷入了沉默。

從日軍進城的那一天起，居住在北平的人們，都被強加了一個名字——亡國奴。往日安靜祥和的生活，被橫衝直撞的日偽轎車搞得一團糟。國難之下，沒有安土，亦無一人能獨善其身。鄧稼先的親人們都在這水深火熱之中煎熬著。

鄧稼先一面埋頭苦讀，一面關注時局，和同學結伴到學校報欄前面細細瀏覽報紙。他們愈看愈氣！國難當頭，民不聊生，可那些政府官員還在貪汙腐敗，還在發國難財。而在通貨膨脹之下，普通老百姓連糧食都買不起，快要活不下去了。在抗日戰爭的最後階段，西南聯大的許多學生和鄧稼先一樣，從書本中抬起頭來，關心起政治了。

鄧稼先身邊出現了愈來愈多的志同道合者，救國之法成了他們共同的話題。「民主在昂揚，歷史在前進，國家在危難中，同胞在水火裏。救國的關鍵在哪裏？」這些二十歲左右的青年人，每個人都在思考。同樣二十歲的鄧稼先對同學們說：「我的觀點是，救國關鍵是政治。」

中國人民浴血奮戰，終於在一九四五年八月，日本政府宣佈投降，中國對日的八年抗戰最終勝利了！

這時，鄧稼先剛好大學畢業。當時身在大後方的人，都想立即回到家鄉，和親人團聚，但也只能分批陸續返回。

一九四六年夏，北京大學向鄧稼先伸出橄欖枝，聘請其擔任物理系助教。鄧稼先得以同大姊一家一起回到一別六年的北平。

他給父親帶來了好酒和好菸，然後緊緊地擁抱著母親，叫著「姆媽、姆媽」。

六年前離家時，他在院子裏大喊：「現在的我只有仇恨，沒有眼淚。」今日歸來，他痛哭不止。

那淚水並不是對自己在外受苦的傾訴，而只是一個兒子對母親的牽掛，對母親所受一切苦難的心痛。

雖然重逢時再次以淚洗面，但與告別北平那天吃飯的氣氛完全不同。這一桌慶賀久別重逢的家宴，每個人都是邊吃邊笑的。鄧稼先向父親報告：「您要我學科學，我做到了。我在西南聯大苦讀物理，讀書比在北平用功得多。」父親欣慰地點點頭。

鄧稼先說罷，打開了一罈茅台酒，給父親斟滿，自己也一飲而盡。

鄧稼先並沒有告訴父親，國民黨統治區的經濟、政治、教育危機雪上加霜，許多學生因為沒錢繳納學費，面臨失學的風險。自己在暗地裏募集了一些的錢款、物資支援貧困學生，同時加入了中國共產黨領導的青年組織——中國民主青年同盟。

鄧稼先在北大物理系當助教的日子，簡單平靜。他每天備課、講課、指導論文寫作，過得十分充實。下班還能回到父母身邊，吃著母親做的好菜，這讓他重溫著兒時的幸福。

「新一輪的留學訊息發佈了！」鄧稼先在趕往上課教室的路上，聽到了這樣的消息，他停在發佈訊息的櫥窗前看了看。因為趕時間去上課，他當時沒多加考慮。

晚上，鄧稼先備完課準備睡覺，想起白天看到的留學通知，他頓時來了精神。

師兄楊振寧已在一九四四年通過留學生考試後赴美留學，美國的物理學發展很快，自己要不要也考一考試試看呢？鄧稼先坐到書桌前面，制訂了一份複習計畫。清涼的月光從窗簾的縫隙間滑落在鄧稼先的臉上，這張臉上寫滿了對知識的渴望。

「爸爸，我已有比較厚實的物理學基礎，想去美國留學，去量子力學發展最先進的國家學本領。」考試報名前夕，鄧稼先感覺自己思考得成熟了，複習得也還不錯，鄭重地向父親提出了他的請求。

「好好準備考試吧！」知子莫如父。父親好像早有準備，他點了點頭，輕輕拍了拍兒子的肩膀，飽含著鼓勵和期望。

「我學成一定回來」

也許是啟程首日心潮澎湃，充滿未知的未來讓這份激動中夾雜著忐忑與憂思；也許是浪花晝夜不停拍打海岸的聲音，愈是夜深愈是猛烈，鄧稼先在輪船上的一整夜都無法入眠。那是一九四八年秋天，鄧稼先從上海出發前往美國，在「哥頓將軍號」輪船上度過的第一夜。船艙外海天一色，漆黑一團，失眠的他整夜聽著濤聲，滿腹心事隨著波濤一起翻滾。

臨行前，他的朋友袁永厚對他說：「新中國的誕生不會是很遙遠的事。天快要亮了。」袁永厚建議鄧稼先就留在北平迎接解放。鄧稼先對袁永厚說道：「將來國家建設需要人才，我學成一定回來。」

此時，海上的天也快要亮了，天空已泛起魚肚白。鄧稼先站在甲板上，彷彿是在送走這最後的黑暗，親手迎來光明。

普渡大學在芝加哥城南一百六十公里的地方。鄧稼先十月入校時，還能見到少量的植被和樹木。等入了冬，天地一片雪白，這座校園單調而寧靜的氣氛就更加濃郁了。

鄧稼先初入普渡大學時，是以自費生的身分，沒有獎學金的支撐，有計畫地吃飯和有計畫地挨餓，就是他不得不選擇的一種生活方式。

上一頓只吃了幾片麵包，這一頓還得餓肚子，鄧稼先想到用「畫餅充飢」的方法安慰自己的胃。他讓小時候媽媽包餃子的影像像電影一樣回放在眼前，看上一會兒，品味一會兒，還真就覺得有些吃飽了，肚子也不叫了。在媽媽身邊時，鄧稼先一頓能吃幾十個餃子；可如今在普渡大學，他手上的錢可支撐不了這麼大的胃。

飢餓只是些皮肉之苦，算不了什麼，真正刺傷鄧稼先心的，是到普渡大學後，親眼所見美國的科技水準與中國之間天上地下的差距。他的民族自尊心被傷到了，他的內心只有一個聲音：「奮起直追吧，青年人！」

鄧稼先期待能跟隨一位前沿領域的頂尖科學家做研究。很幸運，他被分到荷蘭人德爾哈爾名下。這位荷蘭籍導師本身是從事核物理研究的，所以鄧稼先也就順理成章地接觸到了核物理這一物理學的最前沿領域。

普渡大學開設的，除了專業課，還有通識課，科目偏多，學生課業負擔很重。十分善於學習的鄧稼先很快改變了均衡用力的學習策略。

像必修課德語，這是鄧稼先引以為傲的第二外語，在西南聯大時就已經很好地掌握了，對這個課程，他試了試「坐吃老本」的策略，隨堂小測驗結果顯示，他果然得了高分。於是他將這一策略的適用地盤擴大，對這些底子好的課程，統統一帶而過，騰出的精力全部用到鑽研核物理的最新成果上。

第一學期的考試成績，正式宣告鄧稼先的學習策略大獲全勝。他每一門功課都在八十五分以上，還由此獲得了獎學金，一舉解決了自己吃不飽飯的問題。

「師兄，我有獎學金了，每頓飯都可以吃飽，不用再給我寄錢了。」鄧稼先立即給楊振寧寫信，報告好消息。

是楊振寧的資助，支撐著鄧稼先度過了在美國最初也最艱難的一段時間，這讓鄧稼先對楊振寧十分感恩。鄧稼先寫信告訴家人：「在那些出國的子弟中，楊振寧的成績最好，他不但成績好，還給予我資助，支持我在普渡大學度過了沒有獎學金的那段日子。」

一九四九年暑期，鄧稼先從普渡大學來到芝加哥市區，與楊振寧和他的弟弟楊振平一起在芝加哥大學附近租了一間公寓，住在一起。

鄧稼先與楊振寧在一起徹夜暢談美國與中國在物理學習方法上的不同。他們發現，國內是推演法，在書上學到一個理論，按定律推演到現象。芝加哥大學與普渡大學正好相反，不是從理論而是從新的現象開始，老師和同學腦子裏整天想的就是這些新現象能不能歸納成一些理論。如果歸納出來的理論與既有理論吻合，那很好，就寫一篇文章；如果與既有理論不符合，那更好，因為那就代表既有理論可能不對，需要修改。

「在國內學習時使用推演法，打下非常扎實的理論根基；到了美國，學會多注意新現象，由新現象歸納出理論，激發了創新和突破意識。」鄧稼先與楊振寧愈談愈投機，他們相互擊掌，深感幸運，一同憧憬著未來。

在導師的指導下，鄧稼先夜以繼日，只用了不到兩年的時間就讀滿了學分並完成論文，順利獲得了博士學位。一位物理系教授有意帶鄧稼先到英國繼續深入研究。在這樣的機會面前，二十六歲的鄧稼先沒有任何猶豫，歸國心切的他婉拒了教授的好意。

一九五〇年八月二十九日，在普渡大學拿到物理學博士學位的第九天，鄧稼先就從洛杉磯登上「威爾遜總統號」輪船回國了。

騎車故地重遊

這時的北平已經改稱北京，是中華人民共和國的首都。走在北京的街道上，耳畔響起熟悉又鄉土的北京話，「豆漿油條嘍！」「賣取燈（意為火柴）嘍！」讓遊子鄧稼先瞬間熱淚盈眶。

此時的故鄉已經大變樣。往日橫行霸道的洋人、兵痞、舊警察、叫化子都不見了。不算寬闊的街道整整潔潔、秩序井然，孩子們歡快地邊跑步邊唱歌。

一個綿延幾千年文明的泱泱大國，在飽受欺凌近百年後終於站了起來。人民都心花怒放，希望親手建設這個全新的、人民當家作主的新中國。

這一小段時間，鄧稼先靜待工作單位確定。恰好有空暇，他也有機會好好看看分別已久的北京。

他又騎上自行車，循著一九四〇年離開前，馱著弟弟與這個城市告別時的路線，和月光中的東四牌樓、景山、故宮、北海、西四牌樓……一一打聲招呼，也告訴它們自己學成歸來了！他在異國他鄉時是多麼思念北京的一草一木。

但這一次騎車故地重遊，唯一遺憾的是，他沒能帶上小弟鄧檇先。鄧稼先這幾天見到了父親、母親和兩個姊姊，而小弟已在一年前參加南下工作組，此刻身在千里之外的湖北省。

時隔不久，鄧稼先被安排到中國科學院近代物理研究所工作，這個研究所就是原子能研究所的前身。他在彭桓武教授領導下從事原子核理論研究。

一九五三年，二十九歲的鄧稼先和二十四歲的許鹿希結婚了。許鹿希是五四運動中著名學生領袖許德珩教授的長女，早在北京大學醫學院讀書時，就聽過助教鄧稼先的課。

鄧稼先每天下班回到家，和他的妻子總有說不完的話。他們有許多共同的回憶，共同的話題。就連鄧稼先的專業原子核物理，許鹿希也不是一竅不通。她的母親勞君展曾師從著名科學家居里夫人研究放射性物理學，是居里夫人唯一的中國籍女學生。

鄧稼先的岳父許德珩同樣是個傳奇式的人物。他是五四運動中的一名學生領袖，是《五四宣言》的起草者；他曾做過國民革命軍總政治部祕書長，又在中共建政後擔任全國政協副主席和全國人大常委會副委員長。

一九五六年初夏的一個傍晚，鄧稼先到岳父家探望。飯後，全家人在院子裏乘涼，許德珩講起他參與發動五四運動的場景，鄧稼先忍不住問岳父：「您當時在蔡元培校長的幫助下好不容易讀完了大學，還有兩個月就畢業了。您這麼幹，沒想想自己的前途嗎？」許德珩回答說：「我們要把國家興亡擔在自己的肩上。要麼救中國，要麼死！國家興亡，匹夫有責！」

岳父的這番話在鄧稼先心中引起了強烈的共鳴。鄧稼先沉默了好一會兒，直到許鹿希催促他：「該回家了！不然沒公共汽車啦！」他才回過神來，告別了岳父岳母。

許家與鄧家是世交。二十世紀三〇年代，鄧以蟄與許德珩一同在北京大學任教，是好友。許德珩和勞君展在私下裏說起女婿鄧稼先來，總是親切地稱他為「鄧孩子」。

「鄧孩子愛國，他拿到學位後第九天就動身回國，可見他是一腔報國之心啊！」許德珩有感而發，對妻子勞君展說。

「鄧孩子小時候多淘氣啊！你還記得咱們去他家，他雙手吊在門框上盪鞦韆嗎？」勞君展說起往事，一臉笑容。

「記得。鄧孩子還模仿管家報信兒的聲音，大喊：有客人來了，有客人來了！」許德珩說道，「我們和鄧孩子有緣分吶，這不，客人變成親人了，鄧孩子成了咱的女婿！」

命運大轉折

一九五四年起，鄧稼先在中國科學院近代物理研究所兼任數理化學部副學術祕書，協助學術祕書錢三強教授和吳有訓副院長工作。在業務工作與聯繫群眾兩方面都得到了鍛鍊。

一九五六年四月鄧稼先和其他三十四名研究人員同時加入了中國共產黨。此時的鄧稼先，已在中國科學院工作六年，在《物理學報》發表了多篇論文，為中國原子核理論研究做了開拓性的工作。

這也是一段平穩輕鬆、愜意自由的日子。每天下班後，鄧稼先都會騎著自行車回到位於北京西郊的北京醫學院宿舍，在這套兩居室房間裏陪兩個孩子典典、平平玩遊戲。

在夏天，要等到天完全黑下去，抓蛐蛐、逮青蛙才能順利「得手」，鄧稼先不僅向孩子們傳授經驗，還帶著他們趁著夜黑大顯身手，回到家中才發現兩個孩子被蚊子咬了一身包。到了冬天，鄧稼先就帶著兒子平平和女兒典典放鞭炮。那時的陽台是開放式的，而他們所在的樓房像一座孤島，方圓十公里都是荒地，完全不用擔心安全隱憂。

鄧稼先帶著棉手套，劃火柴點燃了一炷香。「典典，平平，老規矩，先放一掛鞭。」鄧稼先把晾衣服的鐵絲卸了下來，把那掛鞭掛在鐵絲的前頭，左手舉著鐵絲的末端。他再用右手拿著的那炷香將鞭引燃。平平和典典站在角落裏，捂著耳朵，半瞇著眼睛看，有些害怕。不過很快，那掛鞭就劈里啪啦地放完了。

「現在要放二踢腳嘍！」鄧稼先提示了一下，但兩個孩子並沒有明白爸爸的用意，直到他們被震天響的響聲嚇得連半隻眼睛也不敢睜開了，才知道二踢腳原來這麼厲害，可比那掛鞭的響聲嚇人多了！

震撼的聲光效果給鄧稼先帶來了在北京城四合院裏生活時沒有過的感官體驗。沉醉其中的鄧稼先並不知道，這樣簡單而快樂的生活，即將結束了。

一九五八年八月，錢三強教授叫三十四歲的鄧稼先到他的辦公室，開門見山：「稼先同志，國家要放一個『大炮仗』，調你去做這項工作，怎樣？」

鄧稼先馬上就明白了，錢三強教授所說的「大炮仗」，指的是原子彈。他遲疑了一下，喃喃自語道：「我能行嗎？」

錢三強教授明白事發突然，這個樸實憨厚的小伙子一時有些蒙，於是他慢慢地把國家的計畫、領導人的設想一一講給他聽。

錢三強教授邊講，邊望向窗外，窗外也很空曠，好像變成了一片天然的實驗場。蕈狀雲升起的情景，彷彿就在窗外上演。「能完成這樣的任務，對國家、對人民，我們就是做了一件有意義的事，我們的人生就有意義了。」錢三強教授感慨地說。

「這個任務太重大了，我雖有原子核物理研究的經歷，對原理問題在行，但是原理和武器之間，相差的豈止是十萬八千里啊！」鄧稼先自言自語地說：「萬一砸了鍋，怎麼向人民交代啊。」

錢三強教授慢慢平復鄧稼先的情緒，他說：「組織選人有幾點考慮：專業對口，學核物理專業，有相當的專業水準和科學研究能力，但名氣又不能太大，以便和蘇聯專家相處；出國留過學，瞭解海外情況，會與洋人打交道，懂英文，也要懂俄文；政治條件好，覺悟高，組織紀律性強。你做過數理化部副學術祕書，中科院黨委書記張勁夫說你品質非常好，很少說話，每天上班總背個布包放書。就這樣，有關領導最終選定了你這個『娃娃博士』。」

對二十六歲就獲得博士學位的年輕人鄧稼先，吳有訓、錢三強等老一輩科學家給他起了這麼個暱稱——娃娃博士。

「這也不能說。」

鄧稼先全然不記得是怎樣從錢教授的辦公室走出來的，他坐在了自己的辦公椅上，雙眼望著前方，心卻是亂的。

他靜靜地坐了一會兒，這份煩亂仍無法擺脫。

他一時想不到什麼辦法，索性走向自行車棚，先回家吧！

從研究所回到了家中，妻子在廚房裏忙著晚飯，兩個孩子正在玩遊戲。鄧稼先像往常一樣親了親孩子們的小臉蛋，坐在了客廳的沙發上。這時候，兩個小孩子一個跳上了他的左腿，一個跳上了他的右腿，兩個人都把小臉蛋埋在爸爸的胸前，競相向爸爸表達分別一天的想念。

鄧稼先的眼眶有些溼潤了。也許未來的一些年，這樣稀鬆平常的場景將很少在這個家出現，孩子們的爸爸也許很長時間不能回家。他一會兒想東，一會兒想西，一大堆問題冒了出來。

妻子這時從廚房裏走了出來，看到丈夫緊鎖的眉頭，她愣了一下，並沒有說什麼。鄧稼先的心又飛到了他們相識的最初。那時他在北京大學當助教，就讀北京醫學院的許鹿希來上物理課，她求知若渴的眼神彷彿就在眼前。今日的她在醫學院裏工作充滿幹勁，還要照料兩個年幼孩子的日常起居，她已經滿身負荷了，自己這一走，她能撐得下去嗎？還有身患肺病的父親和母親，他們的生活怎麼辦？鄧稼先一時不知如何是好，恨不得自己有分身術。

此時，妻子正站在面前。看他自從回到家一直在發呆，連叫了幾遍吃飯也聽不到，忍不住問道：「怎麼回事？」

鄧稼先回答：「我調動工作了，今後恐怕照顧不了這個家了，一切全靠妳了。」

毫無思想準備的許鹿希有些蒙，她問道：「去哪裏工作？」

鄧稼先想了想，答道：「這不能說。」

「去做什麼工作？」

鄧稼先又想了想，答道：「這也不能說。」

「完全離開北京嗎？」許鹿希問。

「也不是。一段時間在北京，一段時間不在。」

鄧稼先回答。

「那你到了外地，總能給家裏來封信吧？」許鹿希幾乎是懇求的口吻了。

「估計……這些都不行吧！」鄧稼先的回答有些絕情，他不忍心去直視妻子的眼睛。

許鹿希愣住了。丈夫一反常態，她不知說什麼好，心冰涼冰涼的。她感到丈夫的心已經飛走了。時間就在兩人之間靜靜地流逝。這時，鄧稼先對妻子說的話，讓她記了一輩子。鄧稼先說：「我能告訴你的是，這工作很重要，我只能盡力做好這件事。」

丈夫說完，許鹿希沒有再問。她只好接受未知的一切。

養花和物理有什麼關係

「這裏就是未來的九院，給你們一個任務，儘快蓋成原子彈教學模型廳，一定要按照蘇聯專家的要求來辦。」

一九五八年八月，鄧稼先到核物理試驗基地報到第一天，面對一塊高粱地，第二機械工業部領導指示他們在那裏建成核武器研究院，同時還告訴他們，蘇聯專家將會參與援建。這在當時可是個好消息。

此後，鄧稼先就和新分來的大學畢業生一起長途跋涉到這塊高粱地上班了。剛剛從復旦大學畢業的胡思得報到後，也到了這塊高粱地。一位中年人停下運磚的推車，拍了拍手上的土，走到了他的面前。「歡迎你，小胡。」中年人熱情地說道。經旁人介紹，胡思得才知，這位中年人就是鄧稼先。

什麼？鄧稼先在運磚？

如果你認為，鄧稼先他們是來看建築圖紙、監督工程進展，抑或是過來欣賞這座建築的，那麼你就大錯特錯了。這些科技研究員穿上了工作服，拿著各式各樣的建築工具，有鐵鍬、抹刀、瓦刀，帶著膠皮手套，推著小車，拉著水泥和砂石，全部變身施工工人，砍高粱、整地、修路、抹灰、砌牆……

中方邀請的蘇聯專家也來到了工地，他們看了看這些灰頭土臉的科技研究員，面無表情地對負責人鄧稼先說：「原子彈教學模型廳，要兩層樓房的高度，窗戶設在最高處，儘可能小，從外邊完全看不到裏面。」此時的鄧稼先，對蘇聯專家充滿了信賴，和他的團隊將這些要求照單全收，嚴格按每一項要求親手建造。

兩個月過去，這座模型廳建好了。鄧稼先請蘇聯專家前來驗收。

蘇聯專家看了看，說道：「保密度不夠，你們要在外側豎起一個大煙囪，遮住模型廳。」於是，鄧稼先又和他的夥伴們緊急從外地調運過來煙囪材料，連夜組裝了一個巨大煙囪，豎在了緊靠馬路的地方。

這下，只有兩層樓高的原子彈教學模型廳就被完完全全地遮住了。

鄧稼先滿懷信心地又請來了蘇聯專家，十分有把握這座模型廳能通過驗收。

哪想到，蘇聯專家掃了一眼地面，說道：「地不平。」鄧稼先以為自己聽錯了，又詢問了一遍：「什麼？」

「地不平。」蘇聯專家斬釘截鐵地說，沒有任何解釋。

鄧稼先仍舊沒多想，趕緊叫來小伙子們給地面做了水平，再用水平儀測試，全平了，他才鬆了一口氣，讓蘇聯專家再來驗收。

一萬個沒想到，蘇聯專家瞥了一眼窗戶，又說道：「窗戶上沒有護欄。」

在場的中國團隊裏不少人都感覺到了不對勁，有人扯了扯鄧稼先的衣角，鄧稼先也有一種不好的預感，但他表面上並未流露，照舊讓小伙子們以最快的速度把護欄加上。

一會兒做鋪平地面，一會兒加裝護欄，就是不入主題，時間不能就這麼白白耗掉啊。鄧稼先趕忙找到錢三強教授報告了情況，他對錢三強教授說：「蘇聯專家給模型廳挑毛病，盡是些地不平、窗戶沒護欄這種無關緊要的問題。這也就罷了，他們的講課內容也是愈來愈水，不碰專業問題啊！閒聊時談笑風生，問到學術問題就三緘其口！我們拿不到有用的訊息，心裏著急得很。」

鄧稼先一古腦兒地道出了苦水，「第一位專家來之前，我們就打聽到了他愛喝烏龍茶，上課之前，泡好了上等的茶水放在講台。他一品，心情不錯，講出了一些有用的訊息，結果坐在旁邊的蘇聯顧問團裏面有個領導馬上故意咳嗽起來。這位專家話鋒一轉，含糊其辭就把那堂課結束了。」

「第二位專家怎麼樣？」錢三強教授急忙問道。

「只敲木魚不念經，那就是個啞巴和尚。」鄧稼先答道，「他一邊對模型廳挑各種各樣的毛病，一邊給我們開了一個長長的書單。」

「書單？裏面有有用資訊嗎？」錢三強教授說，二機部部長宋任窮要求，能擠就擠，像擠牙膏，有一點就是一點。

「在我們的窮追不捨之下，那位啞巴和尚才開出書單，裏面什麼都有，連怎麼養花的書都有，就是沒有與『大炮仗』有關的。」鄧稼先無奈地說。

「你們和他直接交流過嗎？」錢三強教授還是有些不甘心。

「我客氣地問他，養花和原子核物理有什麼關係？結果他說，難道科學家不該在開滿鮮花的環境裏工作嗎？」鄧稼先無奈地攤了攤手。

兩位科學家之間並未談及政治，但已心照不宣。

那是一九五九年六月，蘇聯以自己與美國、英國等國正在談判禁止試驗核武器為藉口，提出暫緩向中國提供原子彈的教學模型和圖紙資料。後來，蘇聯政府又撤走全部在華專家，中蘇關係破裂。

一九五九年七月，中國國務院總理周恩來向宋任窮部長傳達中央指示：自己動手，從頭摸起，準備用八年時間搞出原子彈。二機部副部長劉傑找到鄧稼先佈置工作：「今後一切只能靠我們自己幹了。」

蘇聯的毀約停援給中國的核工業建設造成了很大損失，白白浪費了我方的時間和精力。此時孤立無援、一切歸零的鄧稼先感到身上的擔子有千斤重。

曾留學美國的他，知道這項工作的難度有多大。美國的原子彈理論設計工作始於一九四二年，集聚了陣容強大的研製者，這在世界科學史上都是空前的。其中有十四位以上的參與者獲得過諾貝爾獎，還有一批世界第一流的科學家。當時的美國也有發達的工業，已經能夠製造汽車、飛機和軍艦。而對比二十世紀五〇年代末的中國，才剛剛能夠生產大卡車，科技人才之間的差距更是天上地下。

對於一般的科學技術來說，人類最初的發明是最艱難的，是最具突破性的。後繼者則是站在前人肩膀上，相較容易得多。但是核武器是例外，它屬於軍事機密，也不像別的新式武器一樣在繳獲之後可以拆卸研究。在原子彈研製的路上，是無可借鑑的。一切都要靠中國人自己摸索。

此時，王淦昌、彭桓武、郭永懷等高水準的科學家還沒有到這裏來，因此，理論設計的主攻方向，基本上就靠鄧稼先自己來琢磨和定調了。

鄧稼先更沉默了，連睡覺都是心不在焉的。夜已經深了，他只是閉著眼睛，卻沒有入睡。緊閉雙眼的他仍在原子彈理論設計的茫茫世界裏摸索。他必須儘快找出幾個主攻方向，好讓已經從全國各地趕來的年輕人動手工作。

神奇補課法

「稼先，吃飯了。」

「爸爸，吃飯了。」

「爸爸、爸爸，吃飯了。」

望著鄧稼先獨坐在陽台上的背影，妻子許鹿希和兒子、女兒輪番上陣，坐在距他幾米之外的餐椅上放大了分貝喊他吃晚飯，他還是無動於衷。

許鹿希歎了口氣，朝兩個孩子擺了擺手，對他們說：「咱們先吃吧。爸爸還在大海裏沒游回來呢！」

兩個孩子笑了起來。「媽媽，爸爸明明是在陽台，哪裏有大海啊？」平平一邊把一塊牛肉塞進嘴裏，一邊問媽媽。

媽媽認真地告訴兩個孩子：「爸爸是在科學的大海裏游泳呢，遠方的燈塔還沒有找到，上不了岸，咱們耐心等等他。」

兩個孩子非常懂事，他們已經習慣了這個和從前不一樣的爸爸。從前和他們一起捉螞蚱、放鞭炮、嘻嘻哈哈鬧作一團的爸爸不見了，現在的爸爸難得笑一次，總是把自己一個人關在房間裏，有時還把音樂開得好大聲。

鄧稼先每日生活在巨大的壓力之下，科學研究佔滿了他整個頭腦，在思維最焦灼的時候，他習慣性地打開音響，聆聽貝多芬第五交響曲。樂曲中的命運扼住了人類的咽喉，而人類竭盡全力搏鬥，終於反轉了形勢，扼住了命運的咽喉。在這樣的驚心動魄中，他讓自己沉醉，讓自己獲得前進的力量。

沒有人能真正瞭解這位科學家的頭腦中經歷了什麼。總之，他的努力沒有白費。將中子物理、流體力學、高溫高壓下的物質性質這三個方面作為主攻方向，他找出來了！

這是鄧稼先為中國原子彈理論設計工作做出的最重要的貢獻，是一座里程碑！

得知三個主攻方向已找到，從一九五八年起先後調來的二十八名大學生，放下手中的參考書，歡呼起來，相互擊掌。他們就等著鄧稼先給大傢伙分組，都想馬上開始工作。

按照三個主攻方向，把這些大學生分成三組，這是順理成章的事。可是仔細看看名單，鄧稼先發愁了。

這些年輕人都來自著名大學，成績優秀，但是他們中很多人並不是學物理的，更不要說核物理了。他們有學數學的，有學冶金的，有學建築的，還有學外語的。這也難怪，我們國家在大學設置核物理專業是在一九五六年，最早的一批學生連本科都還沒畢業呢。

面對這些大多沒有物理基礎的學生，鄧稼先決定先補課。心想等他們入了物理的門，再分組開展科學研究。

鄧稼先的課一上就是半天，學生們聚精會神地聽，沒人上廁所，沒人喝水，沒人走神，更沒人發呆，每個人心裏都因為這個大任務，恨不得一口吃成個胖子。而鄧稼先也恨不得把在美國學到的核物理知識一絲一毫都不遺漏地灌輸給他們。

「老鄧講課層層遞進，聽起來像淙淙泉水流淌，我們心裏面透亮極了。」學生胡思得說。大家都喜歡這位講起課來清晰、通俗又透徹的鄧教授，親切地叫他「老鄧」。

一邊通過補課讓學生們掌握基礎知識，一邊還得讓學生們的思維活躍起來。鄧稼先組織了讀書小組，親自選出了《超聲速流和衝擊波》、《中子運輸理論》、《爆震原理》以及《原子核反應堆理論綱要》這幾本經典之作。

這些書，鄧稼先那裏也沒有全部存貨。他找到了錢三強教授，錢教授那裏只有一本俄文版的《超聲速流和衝擊波》，鄧稼先還想找到英文版，可找遍了全北京的圖書館，別說英文版，就連俄文版也沒有第二本。

「這是全國唯一一本《超聲速流和衝擊波》，你們可得像保護眼睛一樣保護好它！」

鄧稼先向胡思得佈置作業：手刻蠟版自己油印，爭取印夠人手一本。書印好後，鄧稼先給學生們佈置作業。他讓每個學生認領一個章節，擔當小教員，給大家講課。

聽鄧稼先講課，彷彿淙淙泉水在耳畔流淌，是一種輕鬆和享受；可輪到自己當起某個章節的小教員，還得講課？有些學生反應快，發現這個變化之後，驚呼道：「我們也能講？我們懂得很少啊。怕誤導了同學們啊！」

鄧稼先哈哈一笑，說道：「通過之前的補課，你們已經有了一定基礎，也已結合你們的特長和興趣完成了分組，眼下啊，讀書、演講和討論這樣探索式學習，能夠幫助你們在所選小組內快速提升。試試看，在重壓之下，你們有沒有額外收穫和奇妙的思維火花閃現吧！」鄧稼先鼓勵著大家。

三個組各自熱火朝天地讀起來、講起來了。鄧稼先每個組都不落下，全部參加他們的討論。討論常常到深夜，只要這個問題還有話說，討論就不結束。有的學生睏極了，突然間睡著了，從椅子上摔到地上，撲通一聲，倒是起了神效，驚醒了好幾個支撐不下去已經睡著的年輕人，他們每個人都睜大眼睛繼續聽。鄧稼先這個拚命三郎，也帶出了個拚命三郎的團隊。這些學生進步神速。

已是後半夜了，討論終於結束，學生們大多累到極點，倒頭就睡。而鄧稼先還要回家。一天深夜，鄧稼先的眼睛已經睜不開了，勉強騎車到了樓下，爬上了樓，眼前的一幕讓他瞬間驚醒。五歲的女兒和三歲的兒子坐在房門外的樓梯上睡著了，他倆互相摟著對方，還流著口水。

鄧稼先一下清醒了。他想起妻子出差了，囑託他在晚飯時給孩子們開門，但他早忘到九霄雲外了。看著熟睡的孩子，想到他們兩個連晚飯也沒有吃，鄧稼先的心裏難過極了。他把兩個孩子抱進家門，幫他們脫掉厚厚的棉外套，讓他們睡在了床上。

兩個孩子都沒有被碰醒，看來真是累極了。

草稿紙從地板堆到天花板

「老鄧，裝滿算數紙的大麻袋從地板堆到天花板了，這屋子就快進不去人啦！」聽到一位年輕人說出的這句話，鄧稼先沉默了一會兒。

從事絕密的原子彈理論研究工作，改變了鄧稼先大大咧咧的性格。遇到什麼事兒，他總會多想一會兒再決定。

「咱們不能私自處理這些廢紙，等我和組織聯繫一下。」鄧稼先回覆道。

這些廢紙是三個組的年輕人沒日沒夜做計算、推導公式用掉的紙，裏面藏著國家機密。鄧稼先給年輕人下達了兩項任務，一撥人負責推導公式、做粗略估計、求近似值，一撥人做精確計算，為的就是合力構建起原子彈理論設計的框架。

這一天中午，一個年輕人連敲門都忘了，直接闖進鄧稼先辦公室。年輕人興奮地說道：「老鄧，我得出的數值是……」鄧稼先聽完哈哈大笑，讓人摸不著頭腦。

「我在這張紙上粗估了一個範圍，你們用機器算的不會超出這個框框。可你的數兒超出了我的框框，看來不對。」鄧稼先用手中鉛筆上端的橡皮頭輕輕地敲了敲面前那張草稿紙，和藹又自信地說道。

嚴謹的科學家鄧稼先針對精確計算小組的研究課題，先用粗估的方法，也就是把各種條件綜合起來，從理論上估出了一個數量的幅度，製出了一個框架。就是為了防止這個小組跑偏、走錯方向。那些年輕人每次算出了精確數值，都要再確認。

無論是粗估，還是推導公式，那些年輕人不服別人，就服鄧稼先。有學生調侃說，所有的物理定律和公式，都是在字與數的組合裏，被天才找到的。不能單靠苦力，要腦子靈光一現才行。他們說，和粗估一樣，推導公式同樣考驗智商、靈氣和天分，甚至還有一點運氣的成份。

當他們推導公式絞盡腦汁，陷入絕望，實在是找不到出路了，他們也來求助鄧稼先。鄧稼先白天沒想出來，晚上回到家，吃完飯就躺在床上，閉著眼睛，或者雙眼望著天花板，就那樣一枝筆也不用，憑著神思妙想，竟把一個個白天推不出的難點，解決了。他開心極了，呼呼大睡起來。

一大清早，剛到所裏，鄧稼先趕緊告訴年輕人，公式做出來了。一時間，歡呼聲簡直要掀翻了房頂。年輕人對鄧稼先的崇拜就是在這樣的一個又一個清晨愈加無以復加了。

「你們臉色怎麼那麼難看啊！」鄧稼先問年輕的同志孫清河。小孫順口答道：「吃不飽飯，餓的唄。」

鄧稼先心疼這些年輕人啊！他領導的理論組每天需要工作十幾個小時，青年技術人員忍著飢餓堅持工作。都餓到什麼程度呢？一九六〇年春節，大家一起包餃子過年，理論組幾十人只分到了一斤白菜、一斤肉和一斤麵。大家堅決不讓南方來的同事包，生怕他們不熟悉包餃子的手法，把寶貴的菜和肉煮到湯裏面。

看著年輕人又黃又青的臉色，鄧稼先變戲法兒似的從抽屜裏拿出了大白兔奶糖和酸三色糖，讓年輕人打打牙祭。在這個糧票年代，只有這幾樣高價食品可以用錢買，不需要配上糧票。

這一點兒糖果，要分給幾十口人，真是僧多粥少。那些年輕人吃下了還是餓。但他們對鄧稼先的感情，已不僅只有學術上崇拜，更視他為兄長。

數值不一樣？

「老鄧，這個數值算了幾遍，都和蘇聯專家給的不一樣。」新的難題出現了。

這是一個原子彈理論設計中的關鍵參數，蘇聯專家以前曾經回答過我方提問，隨口告訴了一個數值。可這個數值十分關鍵，萬萬不能有任何誤差，需要精算，所以年輕人反覆測算了這個數值。痛苦的是，算出來的結果和蘇聯人給的不一致。他們一次又一次地精算，換人算，但還是不一致。

他們連那個年代最金貴的傢伙——計算機也用上了。其實，它並不怎麼好用。分配給他們的最高級的一台計算機是每秒計算一萬次的 104 機，但不是隨便什麼時間都能用，還得在分配給他們的時段內到計算所去使用。

「讓光召來！」此時的鄧稼先，已有得力助手周光召在側。一九六一年，在蘇聯杜布納聯合核子研究所工作的中國青年科學家周光召主動回國，參與原子彈的理論設計工作中。

「我懷疑蘇聯專家給的數據有誤。」周光召幾經測算後，向鄧稼先報告。

沉默了片刻，鄧稼先拍了拍光召的肩膀，淡定地說：「我們現在就組成攻關組。」

幾天後，鄧稼先宣佈：「光召以他深厚的物理功底，利用熱力學的最大功原理，論證即使炸藥作了最大功也達不到蘇聯專家的數據。」一時間，全體研究人員高聲大呼：「光召立功了！」

宋任窮部長得知了這些曲折，很是欣慰，特地傳話說他們幹得不錯，沒被困難嚇倒。困難從沒嚇倒過他們，困倦也沒有打散過他們的鬥志。他們不怕苦，不怕累，最怕出半點兒錯漏啊！

鄧稼先總對年輕人說：「咱們這項工作，容不得半點兒馬虎，容不得半點兒錯漏。」

如履薄冰的三年悄然過去，就在從頭到尾九遍計算完成之時，鄧稼先的團隊沸騰了。他們都明白，這意味著他們已經大略勾勒出了中國第一顆原子彈的輪廓，原子彈理論設計的框架已經摸索出來了。

「逛逛街去吧！活動活動筋骨，放鬆放鬆頭腦。」鄧稼先帶著大家，找到了他熟悉的那個小吃攤，請每人吃了一個香噴噴的烤紅薯。

吃完烤紅薯，大家嘻嘻哈哈地一路說笑回到了單位，沒想到鄧稼先還準備了另一個「驚喜」。他又從抽屜裏變戲法似的拿出一包酸三色糖，給每個人發了一塊。大家都高興極了。

次日，鄧稼先把這個階段性成果報告了上級。中共中央立即讓鄧稼先做一場有關第一顆原子彈藍圖的報告。

「我向尊敬的科學界老前輩和同志們匯報學習心得。」鄧稼先的報告，其實就是關於原子彈理論設計的框架和構想。最特別的地方是使用鈾235做材料，採用內爆的方式，這與其他四個核大國走了完全不同的路徑。

這份報告可以說它已經描繪出原子彈的雛形，在事實上宣告了中國核武器進入生產階段。

此後，九院成立了一個專門小組，負責聯繫實驗和生產，這個小組由鄧稼先和周光召親自指導。

鄧稼先也從實驗室轉戰到原子彈製造工廠了。

加工第一顆原子彈的時刻到了

「老鄧，你已經盯了一整天了，到休息室歇會兒吧。」核武器工廠生產工廠負責人關心地說。

鄧稼先已經在工人師傅的身後站了十八個小時了。這一次，是在特種車床上加工原子彈的核心部件，要把極純的、放射性極強的部件毛坯削成需要的形狀。這是一件非常精細的手藝活兒。工廠派出了經驗最豐富、心態最平穩的老師傅。

老師傅心裏明白，這活兒太危險，不能切多，不能切少，不能有半點火星，而且稍有不慎，後果不堪設想。老師傅也是第一次做，心裏沒底。他遲遲沒有下手。

在這樣的時刻，鄧稼先總不會缺席，他站到了老師傅的身後，幫老師傅穩住了心。

平日裏，老師傅們都願與鄧稼先分享經驗，教他怎麼通過看工人的操作動作就能辨別產品的品質，鄧稼先漸漸懂得了許多工程技術方面的知識。在加工每一個要害處的零件時，他都要求自己全程到位。大家都說鄧稼先是福將，關鍵時刻，只要有他坐鎮，就人心穩定，就順順當當。

但不是每一次生產都一帆風順。

鄧稼先對此早有準備，特地把宿舍電話裝在了床邊的小桌子上。這樣，深夜裏萬一有什麼突發情況，工廠能第一時間聯絡到他。

這一夜，已過零點，電話在電閃雷鳴聲中響起。鄧稼先一把抓起了電話，那邊急促地匯報：「重要部位加工出問題了。」

「我馬上出發。」鄧稼先說。

鄧稼先立即撥通了司機師傅的電話，對方也是痛快：「十分鐘後到您門口。」

屋漏偏逢連夜雨，大雨已經連續下了四五天了。吉普車開上了山路，碎石和泥沙就在擋風玻璃前兩三米的地方滾滾落下。司機安慰鄧稼先說：「您是福將，石頭不擋咱的車。」

「能快儘量快。」一向理解人的鄧稼先，這下可給司機出難題了。盤旋的山路坡陡彎急，再加上雨水溼滑，稍微加點速，車子就像泥鰍一樣搖頭擺尾。而山下就是懸崖啊，十分危險。

這一段山路，好不容易安全通過，司機已是滿頭大汗。可更大的難題出現了。

一個急煞車，司機把車子停了下來。

「怎麼回事？」鄧稼先不顧雨大風疾，搖下車窗伸出頭去查看。

原來，眼前這一座窄橋已被雨水漫過。有的地方看不出來水有多深，如貿然過去，車子極有可能就在水中熄火。這荒郊野嶺的，一旦熄火了，必定孤立無援啊！

「走吧！」鄧稼先關上窗戶，發出命令。

「這裏曾多次發生過車毀人亡的事故，況且今天還下大雨。」司機有點猶豫，趕緊向鄧稼先說明。

「那有什麼辦法，衝過去啊！」鄧稼先急了。

「您是大科學家，這個風險太大了！」司機也急了。

「他們在等著我處理故障。幹咱們這一行的，出了事故就不得了啊！」鄧稼先壓低了聲音，堅定地命令道：「衝過去吧！加大油門。」

司機明白鄧稼先的意思，也懂得他肩上的責任。他定了定神，擦掉手心的汗，加大油門，平穩地衝向了橋面。

車子在漫著河水的橋上滑行，可算是挺過去了。

幾個小時後，鄧稼先到達了工廠。埋頭幹了一天一夜，才消除了故障。而此時，早已累得呼呼大睡的司機才剛剛醒來。

幾個月後，對製造原子彈來說，最關鍵也最危險的時刻到了。

「原公浦同志，鈾235鑄件只有兩套，不能有任何損壞。這是我們的命根子，甚至比我們的生命還重要……」雖然對鈾235的重要性早已了然於胸，但當鄧稼先再一次當面鄭重叮囑時，原公浦不由得緊張起來。

要開始加工第一顆原子彈的材料，也就是鈾球了。這兩顆鈾球總重十五公斤，體積只有橙子那麼大。按照設計方案，外殼的炸藥爆炸後，將兩個半球緊緊擠壓在一起，達到臨界質量，就會引發核爆炸。

這兩顆鈾球的加工精度要求極高。而當時，中國還沒有精密數位控制機床，只能用球面機床加工，這可太考驗技工師傅的手藝了！在全中國挑選有這等手藝的技工，只找出了幾個人。而上海汽車底盤廠的技術工人原公浦就是其中之一。

加工區內是核汙染環境，已採取防護措施，與機床外側完全隔離。此刻，原公浦站在機床外側，隔著厚厚的玻璃觀察窗，戴著雙層乳膠手套從兩個小孔進行操作。

第一人原公浦每車一刀，厚度僅有頭髮絲的十分之一。

第二人為監護人，一面監視原公浦的操作，一面即時拾起他車下的鈾屑，防止鈾屑積聚在切削盤內，引起裂變鏈式反應。

第三人負責測量，原公浦每車三刀，他就要測量一次，看看還差多少，還要車多少刀。

在場的人全都屏住了呼吸。伴隨著絲絲的進刀聲，鈾坯在原公浦手中慢慢改變模樣。車完最後一刀，原公浦長長地鬆了一口氣。檢查員報告：「核心部件的精確度、同心室及尺寸等各項數據全部達到設計指標。」原公浦從此有了一個響亮的名號——「原三刀」。

滿眼血絲的鄧稼先沒有說話，始終穩如磐石一般站在原公浦的身後。

這是一九六四年五月一日凌晨。距離中國的第一次正式核試驗還有五個月。

試驗前的最後階段

一九六四年六月，核試驗進入準備階段。鄧稼先來到羅布泊——中國的核試驗基地。

在被確定為核試驗基地之前，位於新疆維吾爾自治區的羅布泊，是一片荒無人煙的戈壁灘，人稱「死亡之海」。因為它足夠大，又足夠荒涼，有水源，且不在地震帶上，戈壁灘西端十萬多平方公里被劃定為中國的核武器試驗場。

此時，這片戈壁灘上，正在建設一座神祕的鐵塔。

一九六四年六月二十六日，鐵塔安裝完成。八級大風猛烈地吹著這座高高的鐵塔。一次，兩次，三次……總共試驗了十一次。

「塔頂的最大擺幅始終保持在半米至一米之間，鐵塔工程品質極佳！」施工隊隊長報告結果後，鄧稼先放心地離開了羅布泊。

三個多月後，鄧稼先、王淦昌等理論設計專家再次來到羅布泊。這個時候的羅布泊，已進入試驗前的最後階段。

「你們一定要把塔上爆室裏溫度分佈的情況考慮清楚。」鄧稼先推開帳篷，對專門從事流體力學的朱建士交代工作。隊員張振忠一聽，就感覺鄧稼先的建議是非常有眼光的，未雨綢繆。假如說「產品」裝好了，雷管也插好了，進入爆室裏面準備引爆了，發現一些特殊情況，比如溫度變化，就是關係核爆炸成敗的大問題了！

此後，張振忠和他的老師朱建士根據實測的溫度，設計了一個理論模型，給出了爆室的溫度曲線，讓九院領導和試驗指揮部下了決心。

夜裏十二點了，空爆前的會議還在繼續。「你能不能抓住中子？」鄧稼先急忙詢問一直研究中子探測問題的唐孝威。

「老鄧你放心，有一個中子我保證都能給你抓住。」唐孝威拍胸脯說道。這下，鄧稼先放心了。實際上，在此之前的試驗階段，唐孝威的團隊已經抓住好幾個中子了。

一切都準備好了。但每個人的心裏都像裝著一隻小兔子般突突亂跳。

在這最後的階段，大家都是絞盡腦汁地找漏洞，為保萬無一失。試驗的測試和準備工作都有人把關，大家覺得沒有問題。其實，理論設計有沒有把握才是最核心的問題！要是這事兒沒把握，後面再怎麼準備也沒用啊！所以，鄧稼先就成了試驗場區的核心人物。大家追著問他：「對這次核試驗理論計算的結果，到底有沒有把握？」

鄧稼先不說話，獨自悶著頭出去轉悠。實在逼得沒辦法了，他就說一句：「反正能想到的問題、該想到的問題，我們都想到了！」

他鑽進帳篷裏，呆呆地坐著，「所有稍有懷疑的地方，都已經反覆論證、反覆計算。冷實驗、局部試驗、縮小比例試驗全部成功。所以，是有把握的。」他對自己說。

終於，核試驗基地指揮部收到了中共中央指示。

根據試驗場區的氣象情況，中共中央把第一顆原子彈裝置試驗的引爆時間定在了一九六四年十月十六日。

羅布泊升起蕈狀雲

十月十六日下午三時，萬眾期待的這一刻，終於到了。靜靜矗立著的鐵塔，托著一個寶貝，代號五九六，它是中國的第一顆原子彈。成千上萬的工作人員觀測著它。「9、8、7、6、5、4、3、2、1，起爆！」「寶貝五九六」發出巨大轟鳴聲，蘑菇狀煙雲從鐵塔頂端騰空而起。

面對這個巨大的成功，周遭的一切都凝固了。

在場的每個人都張大嘴巴，僵在原地。隨後，人們不約而同地叫喊、歡呼，有人打滾，有人擊掌，有人把頭埋進了沙土。人們以種種怪異的姿勢釋放著心中的情緒，他們已經壓抑了太久太久。

熱淚，流淌在鄧稼先的臉上。他想控制一下情緒，讓自己看起來平靜一些，但是那淚水擦了又流，根本不聽他的指揮。

從年少時就在心中升騰的報國之志，經過漫長的求索、漫長的等待，今日終於實現了！見到了這一朵美麗的蕈狀雲，應該笑啊！可鄧稼先實在笑不出來。

數千里之外的北京，中國國務院總理周恩來也一直守候在直連試驗現場的電話機旁，等待著這個時刻。

「總理，爆炸成功了……」基地總指揮張愛萍興奮地大聲報告。

周恩來在電話那頭激動地詢問是不是真的。

身經百戰的老將軍這時也愣了一下。他馬上往旁邊一看，看到了科學家王淦昌。張愛萍對王淦昌說：「總理問是不是真的原子彈？」

王淦昌說：「現在蕈狀雲開始形成，是原子彈爆炸。」

周恩來如釋重負，馬上拿起電話，向毛澤東做了報告：「第一顆原子彈試驗成功了！」

當晚，周恩來隨毛澤東到人民大會堂接見參加大型音樂舞蹈史詩《東方紅》演出的三千多名演職人員，周恩來當場宣佈中國第一顆原子彈爆炸試驗成功了。

在場的三千多名文藝工作者爆發出雷鳴般的掌聲和歡呼聲，一浪高過一浪。

研製出原子彈，對中國來說，簡直就是一個奇蹟。

當年美國研製原子彈，集中了一批全世界最卓越的物理學家。我們沒有這樣的高規格團隊，選來「放炮仗」的是一些像鄧稼先一樣的「娃娃博士」——一批名氣不大的年輕人。一九六四年，被年輕人稱為「老頭」的王淦昌也只有五十七歲，郭永懷五十五歲，彭桓武四十九歲，程開甲四十六歲，陳能寬四十一歲，朱光亞、鄧稼先剛剛四十歲。

「中國核爆炸是改變世界形勢的壯舉。」第一顆原子彈爆炸成功後，世界各地的新聞媒體，都在頭版頭條報導此事。

此時，世界的目光都在注視著中國。有了核武器，你們想怎樣？

中國政府這時發表了聲明：在任何時候、任何情況下，中國都不會首先使用核武器。中國政府一貫主張全面禁止和徹底銷毀核武器，中國進行核試驗、發展核武器，是被迫而為的。中國掌握核武器，完全是為了防禦，為了保衛中國人民免受美國的核威脅。

這兩天的廣播，許鹿希是在單位裏收聽的。單位外面，首都群眾舉著報紙號外，奔相走告。更熱情的市民，則在長安街頭追逐著散發「我國第一顆原子彈爆炸成功號外」的大卡車，大聲歡呼。

不料，醫院的病危通知書下來了。

「老鄧，快回京。」強烈的興奮感還在撥動著鄧稼先的神經怦怦直跳，一位老長官走到他的身邊，遞給了他一張回北京的機票，輕聲說道：「你母親病危！」

鄧稼先的腦子瞬間亂了。他立即坐上了已經加滿油的吉普車，兩個司機輪番開，車子在戈壁灘上晝夜奔馳，終於以最快的速度把鄧稼先送到了烏魯木齊機場。

飛機到達北京西郊軍用機場時，已是鄧稼先離開羅布泊的第二天下午。等在機場的妻子，直接帶他到了醫院。

消瘦的母親在病床上昏睡著，打著點滴。鄧稼先摸著媽媽的手，輕聲呼喚道：「姆媽，我回來了。您看看我吧。」

母親竭盡了力氣，只能微微睜開眼睛，看了看兒子，擠出了安慰的神情。鄧稼先感到母親的手似乎有了些力氣，但已沒有了小時候的溫暖。

鄧稼先的眼前，是媽媽在自己懷裏靜靜離去的樣子，是媽媽被哮喘折磨得消瘦乾枯的樣子，是媽媽住在四合院時年輕的模樣。人生最痛苦的事兒，莫過於「子欲養而親不待」。他的眼淚，再也無法止住。

索性就任它流吧！

誰的工資高誰請客

「原子彈要有，氫彈也要快。」毛澤東的命令在一九六四年和一九六五年兩次下達到九院，九院理論部研究原子彈的全部人馬，整編建制地投入到了氫彈的研製工作中，重回沒日沒夜、廢寢忘食的工作狀態。

也許你會問，一定要先造出原子彈來才可能有氫彈嗎？答案為：是。就像點燃香菸要用火柴，而點燃氫彈要用原子彈。

一九六五年，于敏等一批科技骨幹來到九院理論部。這位沒有留過洋、被人們親切地稱為「國產專家一號」的于敏，與鄧稼先是相識已久的老友了。

鄧稼先在中科院近代物理研究所工作時，與于敏就是同事，他們在一起寫過論文。生活中的于敏愛聽京劇，愛喝汽鍋雞湯。在學術上于敏也有過人之處，他講課或做報告時很少看講稿，經常不假思索地寫出一黑板所需要引用的公式。有時計算一個數據，手搖計算機竟還不如于敏口算來得快。

于敏到九院後，他的報告與彭桓武、鄧稼先等人的報告相互穿插，聽講的人常常把屋子擠得水洩不通。

在鄧稼先和于敏的共同合作下，理論部的工作重點很快確定了——用計算機實際運算研製氫彈的可能途徑。接下來，科技人員兵分三路，齊頭並進。于敏帶領的研究團隊，在一九六五年九月到達上海，利用那裏的高性能計算機進行計算和探索。

于敏發現了熱核材料自持燃燒的關鍵，他當即給在北京的鄧稼先打電話。為了保密，于敏使用的是只有他們才能聽懂的隱語：「我們幾個人去打了一次獵……打上了一隻松鼠。」鄧稼先聽出是好消息：「你們美美地吃了一餐野味？」「不，現在還不能把牠煮熟……要留作標本……但我們有新奇的發現，牠身體結構特別，需要做進一步的解剖研究，可是……我們人手不夠。」「好，我立即趕到你那裏去。」第二天，鄧稼先就趕到上海，聽取了于敏等人的報告，帶著他們繼續「百日會戰」。

睏了就在機房地板上和衣而臥，只要能撐得住就通宵不閉眼。他們解決了一道道難關，找到了突破氫彈的技術路徑，形成了從原理、材料到構型完整的氫彈物理設計方案——「鄧于」方案。此時，每個人都喜上眉梢。

「老于請客！」不知誰喊了一句。大家跟著響應道：「老于請客，老于請客！」

腦子轉得快的于敏，搶著說：「誰的工資高誰請客，這是老規矩。」

鄧稼先笑了，他並不推辭。他原本就是一位美食家，每次研究工作取得進展，他總會給小夥伴們發糖果，帶他們吃烤紅薯，到街上逛一逛放鬆放鬆。若是有了重大進展，他則會帶著同事們飽餐一頓，酒也得喝個夠才行。

這次是在上海，又是秋天。鄧稼先笑著說：「秋意涼涼，蟹腳癢癢，走，咱們吃螃蟹去！」

後來，中共中央批准了「鄧于方案」，中國第一顆氫彈進入試驗階段。

一九六七年六月十七日，羅布泊沙漠深處，又一朵蕈狀雲騰空而起。

從第一顆原子彈爆炸到第一顆氫彈試驗成功，美國用了七年多，蘇聯用了四年，英國用了四年零七個月，中國僅用了兩年八個月，其技術水準也超出了美、蘇的首次氫彈試驗。

科學家們的付出，常人難以想像！這也成為鄧稼先一生科學事業上的第二座里程碑！

尋找核彈的下落

二十世紀七〇年代末，新的一次核試驗如期進行。參試者戴起護目鏡，翹首向七號場區爆心方向的天空望去，在興奮和緊張中等待又一偉大瞬間的到來。

可是，點火之後，天空中沒有出現蕈狀雲啊！

大家面面相覷。

核彈哪兒去了？鄧稼先更是揪心異常。

時間一秒一秒地過去。自零時起算，已過了三十分鐘，大家的心情也愈來愈沉重。

「請大家返回原居住地。」高音廣播裏一遍又一遍地重複著這句指示。

這，意味著什麼？難道是這次試驗失敗了嗎？

身在指揮室的鄧稼先沉下了臉。他衝出了指揮室，一定要親自去尋找核彈的下落。

「快把鄧院長拉住！我們先要派出直升機在爆區上空搜尋，找到核彈掉落的大略位置！」首長們堅決不同意鄧稼先前去冒險，鄧稼先只好服從命令。

基地派出的直升機偵察分隊急忙出發了。

「找到彈著的地方後，我們要派技術人員實地瞭解，才能分析事故的真正原因和彈體的情況。」鄧稼先對首長說出了他的建議。

就這樣，九院的兩位工程技術人員進入了鄧稼先的名單。他們是負責核輻射安全的羅元璞，以及對各類監測輻射的儀器都能熟練使用的劉浩才。

夜裏，還在睡夢中的劉浩才被同事羅元璞的敲門聲驚醒。

當劉浩才穿好衣服打開房門時，看到鄧稼先也站在門口。鄧稼先對劉浩才說：「老劉，你和老羅兩人立即去彈著的地方，瞭解彈體的情況。」

老羅和老劉穿上簡易的防護服，拿上口罩和手套就出發了。

鄧稼先目送著他們遠去。

一個小時後，車子到達核彈掉落的大概位置。

老劉、老羅下車了。他們拿著儀器，打開聲響，按司令部嚮導指的方向進行偵測。走了一段距離，儀器沒有異常反應，再走走，突然發現儀器的 α 計數增加。愈來愈近了……他們選擇一個計數強的方向前進，愈往前走 α 計數愈強。再往前走，音響不再是「叭，叭，叭」的間斷聲了，而變成「嗚……」的長鳴聲了。

老劉看到前方地面上，有一層薄薄的塵土和爆炸後碎片。這表明核彈已經爆炸，並且離彈坑不遠了！他們倆彼此看了一眼，明白了對方的意思。

找到彈坑了！他們站在彈坑邊察看。彈坑有一公尺多深，直徑十多公尺，散落著核彈爆後的殘骸。

兩位技術人員環顧彈坑周圍，奇怪了，沒有降落傘啊！

「裏面劑量太大了，我們快撤！」來不及多想，他們必須快速回撤。老劉和老羅一前一後跑上吉普車，還沒關上門，車子就開了起來。

又是一個多小時後，汽車開進了基地司令部。老劉一見到鄧稼先，就向他報告了彈坑的情況。

三進彈坑區

「你還記得去彈坑的路嗎？」疲憊不堪的老劉剛剛進入夢鄉，又被老羅搖醒。

「記得。怎麼了？」老劉揉揉眼睛問道。

「鄧院長要親自去彈坑看看。」老羅說。

老劉趕快穿上那套防護服，帶上防護手套和口罩，快步走出了房門。

在老劉的導引下，他們一行三人很快找到了彈坑。

鄧稼先站在彈坑周圍環視，像是在尋找降落傘。可他們根本不見降落傘的蹤影！

「我的鈽239哎！」鄧稼先蹲在彈坑邊上，淚水橫流，他不停地用手翻動坑土，反覆呼喊著他的鈽239。他多想從土裏把粉碎的核原料都找出來啊！可此時，誰也分不出哪是塵土哪是珍貴的核原料。

老劉理解鄧稼先的心痛。一次就毀掉了這麼多的鈽239，這可是不知要耗費國家多少人力、物力、財力才提煉出的核原料啊！它不知比黃金貴重多少倍啊！而且，為了這次試驗，九院的科技人員付出了多少心血和勞動！所有這一切，全都葬送在眼前這個大坑裏了！

「鄧院長，起風了，我們這空氣裏的 α 懸浮微粒濃度愈來愈高了，快走快走！」同事們硬是把鄧稼先從彈坑邊拉了起來。

鄧稼先一步三回頭，看著那個大土坑，泣不成聲，被人攙扶著走了出去。

老劉萬萬沒有想到的是，鄧稼先下達了第三次進入彈坑區的任務。

這次派了兩組人，一組人帶著照相機，負責把彈坑的現狀拍攝下來；另一組人要取彈坑周圍的土樣回去分析，看有沒有發生核裂變。

老劉和老羅兩人負責帶路。他們輕車熟路，很快到達。拍照、採樣都順利，馬上就要撤退了。這時，天公不作美，起風了。風聲愈來愈響，好像這沙漠上的大風暴就要來了。

老劉、老羅和兩組人員此時就站在彈坑的下風處，迎風而立的他們正在大劑量地吸入空氣中的放射性元素，十分危險！

「鄧院長叫我們立即撤離，院子裏有卡車，乘卡車先到機場，乘飛機回生活區！」外面傳來了喊聲，老劉和老羅馬上按照指示撤離。

正當老劉從卡車後面向上爬的時候，突然有人從背後把他拉了下來。老劉回頭一看，原來是鄧稼先。

鄧稼先把他拉到卡車副駕駛室門口，對已經坐在副駕駛室的座位上的人說了一句「老劉太辛苦了，這個位置讓老劉坐」，就把老劉推了上去。

此時，時間就是生命！裝滿人的第一輛卡車很快開動了，以最快的速度駛出危險區。

鄧稼先沒有上車，他要送走最後一個人，自己才會離開。老劉十分擔心鄧稼先的安全，從車窗向後望去，直到鄧稼先的背影消失在戈壁灘的沙塵中。

過了些日子，老劉收到了這次事故的分析結論：高空投彈後降落傘沒有打開，導致核彈直接摔在地上，沒有出現蕈狀雲。核彈著地時在戈壁灘上炸了一個大坑，使周圍空氣和地面被放射性核素鈽嚴重汙染。

焦急地等待著

竟然用雙手翻動坑土，那土裏面全是鈽碎片啊！返回生活區後，鄧稼先的心情稍稍平靜，對自己的這個舉動感到害怕。幾天後，鄧稼先回到了北京，主動去醫院做檢查。鄧稼先主動去體檢，這讓妻子許鹿希很意外。

這麼多年，每次單位組織體檢，他總因出差在外而錯過，若提醒他到醫院補一次，他又說沒時間。這次是怎麼了？

鄧稼先的體檢結果顯示，尿裏有很強的放射性，白血球內的染色體已經呈粉末狀，白血球功能不好，肝臟受損。醫生憂慮地說：「幾乎所有的化驗指標都不正常。」鄧稼先沒有把全部情況對許鹿希坦白，只輕描淡寫地說了一句：「尿檢不太正常。」

許鹿希的一顆心常年就提到嗓子眼，又聽到這一句「尿檢異常」，足以讓她浮想聯翩，讓她崩潰。

她跺著腳，埋怨鄧稼先。隨後又調整了情緒，勸說自己的丈夫：「身體是革命的本錢啊，留京療養一段時間好嗎？」

鄧稼先靠在厚厚的被褥垛上，默不作聲。他看看妻子，又望著天花板想事情。

「女兒、兒子、家庭，你給我們的時間太少了。咱們四口人好不容易團聚了啊！就留在家裏幾個月吧！」妻子懇求的語氣，讓鄧稼先的心裏更酸了。

前幾年，他們一家四口分居在三地。妻子下放天津茶淀農場勞動。還不到十五歲的女兒，到內蒙古烏拉特前旗生產建設兵團插隊。鄧稼先每次從基地回到北京，先得去父母的家，把兒子平平接回來。父子倆飯也不想做，水也不想燒，站在陽台上望著遠方，平平總是問，「媽媽和姊姊這時在幹什麼？」

想到那些日子，鄧稼先的心裏難受極了。眼前是成群的牛羊，和挖水渠幹粗活的女兒。空曠的荒漠上，女兒小小的身體佝僂著，黃黃的頭髮被吹得亂糟糟的，連隊隊長喊開飯了，滿心歡喜的女兒領到的卻是野菜糠窩頭，吃了幾口直打嗝。

許鹿希知道丈夫心裏想起了這些年的痛楚。她何嘗不是呢，一閉上眼睛，就是女兒典典發黃的頭髮和營養不良的小臉蛋，她心裏也難受。「典典患了嚴重的青光眼，這才回北京治病。平平還好，一直在爺爺家裏住著，沒受罪。」許鹿希安慰丈夫說，苦難都過去了。咱們不是團聚了嗎？這些年你透支得太厲害，在家裏調養調養身體吧！

鄧稼先還是沒有說話。因為所做的一切工作都是絕密的，他也不能解釋什麼。他不能告訴妻子，超級大國的核武器發展速度很快，一個核科學家，在核武器研製方面，必須使國家站在世界的最前沿，否則就談不上有強大的國防！對此，他責無旁貸啊！

帶著對親人的眷戀和愧疚，鄧稼先帶上常年跟著他的行李箱，再次輾轉到了新疆羅布泊。「你們扶我一把吧！」鄧稼先從架在戈壁灘上的帳篷往試驗場地走去，他實在感到力不從心，就叫住了走在前面的兩個人。

兩個人回過頭，看到鄧稼先氣喘吁吁，臉色蠟黃的樣子，嚇了一跳，忙問道：「您這是怎麼了？」

「沒事兒，這幾天腹瀉。」鄧稼先簡短地說。

他既不想說，也沒什麼力氣說了。只有李醫生和少數幾個人知道，這些天，鄧稼先天天便血。

鄧稼先在同事的攙扶下，走進了指揮車，坐在了于敏的邊上。他們沒有說話，只是焦急地等待著。

遠處傳來一聲巨響。隔著車窗，鄧稼先看到，荒山也跟著巨響顫動了幾下。隨後，一團團黃色的塵土隨之升起，連成了一把傘帳，柔和地飄落下來，輕輕地罩在了山上。

九院副院長胡仁宇飛跑了過來。

「那個尖尖的有沒有？」鄧稼先和于敏一起高喊道。

「有，有，很清楚。」胡仁宇把照片底片高舉在手中，使勁地搖晃著。

鄧稼先接過底片一看，高興地揮著拳頭跳了起來。「中子點火正常，燃燒正常，核試驗成功了！」他興奮地說。

這是鄧稼先一生事業上的第三座里程碑，他和團隊在第二代核武器的原理研究方面取得了突破，核試驗也成功了。

可是，此時的他，愈來愈感到力不從心了，身體上的不適總在提醒著他，此時已不同於往日。對那些熟悉的人、熟悉的景，他的眼睛也總會多看上一會兒。

永別了，羅布泊

「我們再去看看那座有功之塔吧！」在鄧稼先的提議下，李醫生陪著他向荒漠的深處走去。

身上沒帶工作任務，他們的腳步很輕鬆。來羅布泊的次數早就數不清了，鄧稼先還是第一回體會到沙漠漫步的感覺。

不遠處，倒塌的 701 塔塔身映入他們的眼簾，那塔身已經扭曲成了麻花狀，它身體之下的沙子和石塊都已經變了色，所有的植物都被燒死了，乾枯的莖和葉雜亂地混在沙土裏。

「這個鐵塔的上部，在一千萬攝氏度的高溫下當場就氣化了，咱們現在看不到它了。這塔的最高處有一百二十米高，我當年還爬得上去。」鄧稼先興致勃勃地對李醫生說：「它可是一座有功之塔啊！」

鄧稼先在鐵塔的面前靜靜地佇立。這塔見證了他一生宏偉事業的第一座里程碑！太多的往事此時湧上他的心頭。他望著它，戀戀不捨。

「我給您留一張相片吧！」李醫生說道。

鄧稼先稍稍遲疑了一下，還是擺了擺手說：「算了吧！」工作這麼多年，保密是他心頭始終繃緊的一根弦。

揮別了鐵塔，鄧稼先帶著李醫生走到了地下平洞的洞口，這平洞是做地下核試驗的地方。

兩個人剛一進去，就感到一股熱浪襲來，沒多會兒，頭就暈乎乎的，還喘不上氣來，就像在蒸籠裏一樣。「二十年過去了，平洞裏面的溫度仍然很高啊！」鄧稼先感慨地說。

「老鄧，咱們出去吧！」李醫生擔心鄧稼先撐不下去。鄧稼先卻沒有理會。他讓李醫生等等他，自己繼續往裏面走。

鄧稼先邊走邊用留戀的眼神默默地掃視著這個空洞，像是在對它說：「老夥計，再見啊！各自珍重吧！」

離別，是每一次相遇的結局。千般不捨，也總得離開了。鄧稼先三步一回頭，還向自己的老夥計們揮了揮手，它們好像通了人性一般，也用飽含熱淚的眼神惜別自己的老友。它們是一切的見證者啊！

荒無人煙的戈壁灘，發生過的一切都是祕密。

一切資料都要收入保密櫃，不可以拍照，沒有新聞報導，只有殘存的鐵塔、仍在發燙的地下平洞和一塊塊燒焦的岩石——它們是科學家們捨生取義的見證者。它們見證了科學家們把對國家所有的忠誠和愛，都獻給了這片荒漠和這荒漠上的核事業。有些人不僅獻出了青春，甚至獻出了生命。

鄧稼先乘坐吉普車返程，他捨不得閉上眼睛休息。他望著窗外的一切，想起了自己一次又一次出入羅布泊時的點點滴滴。初次到戈壁灘時的震撼，在這風沙呼嘯、異常寒冷的地方，看到大片大片的馬蘭花盛開、小燕子飛來時的驚喜；每一次核試驗點火前拿筆簽字時從內而外的顫抖，他數了數，自己一共簽了十五次；每一次看到蕈狀雲時的熱淚盈眶，同志們擁抱在一起狂歡時形態各異的表達，那是無與倫比的激動與幸福啊……鄧稼先重溫著一個又一個難忘的瞬間，他對自己說：「我這一生，投身國防始於服從組織決定，但正因有了這一段研製原子彈的經歷，真的可以說是此生無憾了！」

也許每個人對自己的身體，總是比醫生和儀器更為瞭解。此時的他默默地和窗外的一切告別——

再見了，羅布泊！也許是永別了！

「比你的生命重要」

回到北京後，鄧稼先的身體每況愈下。但他不願意住到醫院去。不料，在醫院檢查後，醫生堅定地說：「別走了，必須住院。」

經過檢查，確診鄧稼先患的是直腸癌。核輻射和癌症的雙面夾擊，鄧稼先的日子不好過啊！

鄧稼先住進了解放軍總醫院南樓五病房十六室，許鹿希也終於有了一整段時間和她的丈夫廝守在一起。她看著鄧稼先時常斜靠在床頭，一隻手捂著腹部忍受著病痛的折磨，十分心痛。她就用輕柔的動作給丈夫按摩，這樣的感覺，讓鄧稼先想到了自己的媽媽。

鄧稼先對許鹿希說：「小時候，姆媽總為貪吃的我揉肚子。」「肚兒摸摸，百病消霍。叫孩少吃，兒吃多著。」鄧稼先輕聲哼唱著小時候媽媽一邊為他揉肚子，一邊哼唱的兒歌，彷彿置身老北平的四合院，他還是個孩童。每天下了學，媽媽總會做好幾樣自己和姊弟愛吃的菜。媽媽看著兒女大口吃飯的模樣，高興極了。

鄧稼先對許鹿希說：「小時候，我太頑皮，沒少讓姆媽操心啊。那次在北海掉進了冰窟窿，姆媽嚇得不輕。我還打翻過北海茶館大理石的桌面，母親可是氣急了，但也只是狠狠地訓斥，沒有打我。」

「你現在還會打針吧？最早還是我教會了你。你離開北京後，媽媽常說，稼兒打針，不疼。我好想念稼兒。」許鹿希的記憶也回到了他們剛結婚的時候。

為了讓哮喘厲害、胃痛的母親舒服點，鄧稼先專門學會了肌肉注射，和妻子許鹿希輪流到北京大學宿舍的父母親住所，為母親打針。

可是當母親的病愈來愈重，從哮喘發展到肺炎，又發展到肺部組織硬化無法擴張的嚴重程度，手術也未能扭轉她的病情，兒子鄧稼先卻長年守在戈壁灘上，無法回京盡孝。

彌留之際的母親，收到了兒媳許鹿希拿來的紅色號外，就靠著輸液管裏的液體和她等待兒子的信念，真的撐到了兒子回來。想到對母親的虧欠，鄧稼先的心很痛很痛，這份心痛與腹部的病痛一起夾擊他。

「也許我的時間不多了，只是我還有兩件事兒沒做完。我想寫一份建議書和一本書。」這次住院後，癌細胞的轉移明顯加快了，鄧稼先常被劇烈的疼痛突襲，他感到生命所剩不多，對妻子說出了自己的心願。

鄧稼先開了一個很長的書單，讓李醫生回基地時一本一本地從他的書架上挑選出來，全部帶到了病房。他還讓人把圖書資料室裏面的一些書籍和雜誌拿到了病房，又讓人通知于敏和胡思得來病房一趟。

看到老搭檔于敏、胡思得進了門，鄧稼先打起了精神。「老于、老胡，你們可來了，我一直盼著你們呢！」鄧稼先的臉上露出了笑容，他緊緊地握住了他們的手，有些著急地說：「我想給中央寫份建議書，所以叫你們過來商量。」

「核大國的設計技術水準已接近理論極限，不需要進行更多的發展。因此有可能出於政治上的需要，改變他們先前堅持的主張，做出限制別人發展、維持其優勢地位的決策。核大國這種舉動，對他們自己不會有什麼重要影響，而對於正處在發展關鍵階段的我國，則會帶來非常嚴重的後果。」鄧稼先對于敏和胡思得說，這樣嚴峻的事實便是自己想向中共中央提交一份建議書的原因。

于敏和胡思得聽後，十分敬佩鄧稼先高度的政治敏銳性和深厚的專業功底。鄧稼先分配了任務後，于敏和胡思得起身離開了病房。護士推門而入要為他做化療。做化療很痛苦，一滴滴的藥水打進血管裏，做一次要好幾個小時。就算在這幾個小時裏，鄧稼先也不願意休息，他靠在床頭，邊打點滴邊看材料。

「希希，幫我支一下小飯桌，拿下紙筆。」鄧稼先做完了化療，對妻子說。

許鹿希打開了吃飯用的小桌子，拿來了一枝鋼筆和一本筆記。

鄧稼先手握著鋼筆，卻寫不出字來。「手腕沒力氣了，要不找個鉛筆吧！」他無奈地對妻子說。妻子掉著眼淚，走出了病房，到醫院外面的小文具店買回了幾枝鉛筆。

「希希，沒事兒，鉛筆能在紙上滑行，好省勁！」鄧稼先安慰著自己的妻子。才寫了幾行字，他的額頭上就冒出了細細密密的汗珠。而此時，天氣並不熱。

許鹿希更難受了，她只好含著淚，為丈夫擦汗，協助丈夫奮筆疾書、與時間賽跑，做她所能做的一切。她祈求上天能再多給他一些時間。

老胡：

我明天還要動一次小手術，來文我看了兩遍，我覺得可以了。但最後一段要同星球大戰等「高技術」聯繫起來、申述一段，然後由我和老于簽名，抬頭是核工業部，國防科工委（抄九院）。

老鄧三．二八

給胡思得寫這個便籤時，鄧稼先更感力不從心了，他坐在許鹿希找來的橡皮圈上，讓大腿受到較多的力，以減輕直腸癌手術後刀口的疼痛。即便這樣，也只能是寫幾句停一會兒，再寫幾句再停一會兒，花了一個小時才寫完這一段留言。

寫完後，鄧稼先把自己縮成一團，癌症晚期的疼痛變本加厲地折磨著他。

一九八六年四月二十一日，鄧稼先終於最後改定了建議書，他讓許鹿希快點兒送走。「稼先，你要注意盯著點滴，輸完了要按呼叫器。」許鹿希一邊抱著資料往病房外面走，一邊叮囑他。

「希希，等一下。」鄧稼先叫住了許鹿希。「這資料比你的生命還重要。」他只補充了這一句話。

建議書的具體內容至今還是祕密。對這份建議書的價值，于敏與胡思得在回憶文章中深情地寫道：「每當我們在既定目標下，越過核大國佈下的障礙，奪得一個又一個的勝利時，無不從心底欽佩稼先的卓越遠見。」

一九八六年到一九九六年這十年，九院全體同志就是按照鄧稼先與于敏的這份建議書制定的目標、途徑和措施努力奮鬥，才終於使中國也達到了能夠停止核爆試驗，代之以實驗室模擬的高度！

這份建議書發出十年後，一九九六年七月二十九日，中華人民共和國政府發表聲明，鄭重宣佈：中國暫停核試驗！

用盡生命最後的氣力寫就的這份建議書，當之無愧成為鄧稼先一生宏偉事業的第四座里程碑！

癌細胞已侵入到骨頭。劇烈的病痛讓鄧稼先拿不起筆了。

此時的他，欣慰於給中共中央的建議書已經呈交，遺憾於專著《群論》本想寫四十萬字，可是只完成了不到一半。鄧稼先的這本專著，是將早些年自己為新進九院的科技工作者輔導授課的「群論基本概念與理論」講義整理而成。

一九八六年六月，中共中央軍委做出決定，解密鄧稼先，公開他的身分，宣傳他的光輝事蹟。這時候，大眾才第一次知道了鄧稼先的名字，知道他是「兩彈元勛」，是中國第一顆原子彈和第一顆氫彈理論方案的主要設計者。瞭解到他從事核武器研究這些年，許多重大理論問題和研究工作都是親身參與、把關、最後拍板定案的，甚至很多方案是他親筆寫的，但他卻沒有署上自己的名字。在中國進行的四十五次核試驗中，鄧稼先三十二次親歷現場，十五次擔任現場總指揮的事蹟也公開了！他隱姓埋名二十八年、為國奉獻、犧牲自我的人生，感動了整個中國！

在鄧稼先精神尚可的時候，許鹿希總為他讀這些新聞報導，告訴隱姓埋名二十八年的丈夫：國家和人民沒有忘記你！

一九八六年七月，時任國務院副總理李鵬來到病房授予鄧稼先全國勞動模範獎章和證書。鄧稼先吃了加倍的止痛藥，吃力地表達他的謝意，他誠懇地說出了他一貫的最真實的看法：「核武器事業是成千上萬人的努力才能取得成功的。我只不過做了一部份應該做的工作，只能做一個代表而已。」

「爸爸，爸爸！」三天後的上午，鄧稼先日思夜念的女兒典典從美國回到了北京。父女相見，抱頭痛哭。典典避而不提爸爸的病情，她只是和他一起回憶那些美好的日子。

鄧稼先對女兒說：「在你們很小的時候，我總是教你們叫我『十分好爸爸』。現在看來，我不夠格啊。我記得有一回，九院兩位阿姨到咱們家，看到你們姊弟兩個中午放學回到家，就下一碗清水麵，連點蔬菜也沒有……」鄧稼先閉上了眼睛，一行淚水滑落下來。女兒趴在父親的胳膊上，含淚安慰父親：「爸爸，我們理解你。」

「我小時候生病，您為我輸過血。我在牧區時，您去看我，給我帶了肉罐頭。一九七七年恢復高考，機會終於來了。但問題是，我這麼小就去了兵團，其實只有小學文化程度，連牛頓定律都不知道，請的補課老師覺得我起點太低沒法補。您正好有工作要在北京待三個月，就親自上陣了，給我和平平一起補課。」典典問爸爸：「您還記得嗎？當時買不到教科書，我姥姥知道了，就送來一本她翻譯的法國微積分教材。您一邊教我，一邊說這本教材好。那時候，咱們仨每天學習到凌晨三四點。」

「不過，說真話，爸爸您講得沒于敏叔叔好。于叔叔講得深入淺出，他三兩句點撥，我就能懂。」典典這一句說出來，鄧稼先蒼白瘦削的臉上露出了開心的笑容。在典典和平平的記憶裏，一九七八年他們同時收到大學錄取通知書時，爸爸笑得也是這麼甜。

說這些幸福的事兒，鄧稼先刺骨的痛似乎也能稍稍緩解一點兒。於是他們姊弟兩個人就輪番和爸爸說話。

「爸爸，等你病好了，我陪你去看京劇。你喜歡吃對蝦，我們一起下館子。咱們再把剩下的蝦油送到廚房，請大師傅用蝦油蒸碗雞蛋羹。」兒子平平學著爸爸在京劇院門口的樣子，一手舉著錢，一邊用標準的京腔問：「您有富餘票嗎？」鄧稼先笑出了眼淚。原來，自己的一點一滴都被兒子記在心裏。

「爸爸，那一次您說我胡說八道。您還記得嗎？」平平說：「那是一九七〇年吧，院裏的小朋友陸續跟著家長搬到四川去了，我連小夥伴也沒有了，我聽有的小孩說他爸去四川造原子彈了。等您回到家我就問您。結果您特嚴厲地吼我『胡說八道』，那表情真是嚇我一跳。」

許鹿希和兩個孩子，也是和全國人民同時才知道了鄧稼先的工作！知道了他常年在外的二十八年時間在幹什麼！二十八年啊，鄧稼先絕口不提自己的工作，對妻子和兒女這三個最親近的人也不例外。他們仨之前有過猜測，但是他們也不敢再問，因為問過幾次，全被鄧稼先瞪著眼頂回去了。

「看在眼裏，記在心裏，爛在肚子裏，帶進墳墓裏」，鄧稼先恪守了幾十年。鄧稼先對妻子和孩子說，研究這個原子彈，從最開始直到最後基地試驗，就規定了一條，絕對保密。絕對保密，就是連自己的妻子都不能告訴。所以我們這個事情所有人都不知道。

「你是搞這個的，你又不是不懂它放射性那麼大，你為什麼非要到跟前把它拿起來看呢？」許鹿希跺著腳抱怨鄧稼先，她恨丈夫在那次核試驗失敗後，跳進彈坑，用雙手捧起坑土。就是在那之後，丈夫的身體急轉直下。甚至眼下，都幾乎沒辦法了。

鄧稼先看了看妻子、兒子和女兒，他說：「一次試驗要花上千萬元啊，有多少人的心血啊，甚至一些同志因此犧牲了。產品出場試驗是我簽字的，我一定要親眼看看它成什麼樣了，我要有所交代啊！」

許鹿希沉默了。鄧稼先就是這樣的人，她無話可說。

「你的血流盡了！」

「稼叔，基本粒子那本書找到了！」鄧稼先年過半百的表侄孟曾疾步跑到了病房。

這本全名為《基本粒子物理的規範理論》的書，是鄧稼先在一九八六年初發現的好書，他無力去逛書店，就囑託孟曾無論如何幫他買到。孟曾跑了一家又一家書店，總是沒有。這次終於碰到了！孟曾一個箭步擠上了公共汽車，趕到了醫院。

病房的大門敞開著，裏面人很多，但沒有說話的聲音。孟曾心裏一沉，最不想發生的事情發生了。

許鹿希緊緊地抓住丈夫的手，悲痛地說：「你的血流盡了！」在她絕望的哭泣中，鄧稼先的手慢慢地涼了。許鹿希悲痛至極地問：「二十多年的等候，就是這樣嗎？」

一九八六年七月二十九日下午一時，六十二歲的鄧稼先永遠地閉上了閃爍著睿智光芒的雙眼，他再也無法欣賞窗外那綠樹成蔭的生機。他的摯友楊振寧在悼文中寫道：「鄧稼先是中國幾千年傳統文化所孕育出來的有最高奉獻精神的兒子。」

許鹿希說，這個評價雖有情感成份，但也客觀真實。一九八五年，鄧稼先住院期間，楊振寧回國探望，曾問起原子彈和氫彈的研製獲得多少獎金。鄧稼先說，原子彈十元，氫彈十元。原來，一九八五年，國家頒發特等獎金時，總數是一萬元，九院決定平均分配。由於參與研發的人數太多，院裏墊上了十幾萬元後，才按照十元、五元、三元這三個等級發下去。

一九八九年七月，在鄧稼先辭世三年之後，中國政府為鄧稼先頒發國家科學技術進步獎特等獎。鄧稼先主要參與的四個項目：原子彈的突破和武器化，氫彈的突破及武器化，第二代氫彈裝置的突破，核武器的重大突破，獎金各一千元。許鹿希把這些獎金悉數捐給了九院設立的科技獎勵基金。她在信中寫道：「一個人靠脊樑才能直立，一個國家靠鐵脊樑才能挺立。研究院的工作能使中國挺立得更高更強，青年同志們會為自己的工作感到驕傲。同時，在你們身邊有和鄧稼先共事多年，有的至今仍在奮戰不息的元勛們。因此，青年同志們會感到在這樣的環境中工作十分幸福。」

一九九六年七月二十九日，在鄧稼先逝世十週年之際，中國進行了第四十五次核試驗，也是迄今為止最後一次核試驗。這個日子是特意選擇的，為了向「兩彈元勛」鄧稼先表達最深切的懷念和敬仰。

在鄧稼先生命中的最後一個國慶節，他瞞著醫生、護士，帶著警衛員悄悄來到天安門廣場，來到國旗下。他對警衛員說：「建國一百年的時候，還會不會有人記得我們這些人啊！那時候，你都八十四歲了。那時候，我們國家富強了，你可一定要來看我啊！」警衛員深深地點著頭，眼淚差點兒湧出來。

鄧稼先的一生，鞠躬盡瘁，死而後已。

一九九九年九月，中華人民共和國成立五十週年之際，為表彰中國「兩彈一星」事業做出傑出貢獻的科技專家，追授鄧稼先「兩彈一星功勛獎章」。

二〇〇九年五月，中華人民共和國即將迎來六十年國慶，電影《鄧稼先》公映。

二〇一九年十月一日，許鹿希把鄧稼先的銅像擦了又擦，打開了電視機，讓他與自己一同收看中華人民共和國七十週年國慶慶典。

在許鹿希心裏，鄧稼先還在人間，共享國泰民安。

嗨！有趣的故事

鄧稼先

責任編輯：苗　龍
裝幀設計：盧穎作
著　　者：王麗麗

出　　版：中華教育
香港北角英皇道 499 號北角工業大廈一樓 B
電　　話：(852) 2137 2338
傳　　真：(852) 2713 8202
電子郵件：info@chunghwabook.com.hk
網　　址：http://www.chunghwabook.com.hk

發　　行：香港聯合書刊物流有限公司
香港新界荃灣德士古道 220-248 號
荃灣工業中心 16 樓
電　　話：(852) 2150 2100
傳　　真：(852) 2407 3062
電子郵件：info@suplogistics.com.hk

版　　次：2021 年 8 月初版

規　　格：16 開（210mm × 148mm）
I S B N：978-988-8676-44-6

本書繁體中文版由接力出版社、黨建讀物出版社共同授權出版